JUNG

Nise da Silveira

JUNG
VIDA E OBRA

7ª edição

Paz & Terra

Rio de Janeiro
2025

© Nise da Silveira

1ª edição José Álvaro, 1968
1ª edição Paz & Terra, 1976
1ª edição Grupo Editorial Record, 2023

Design de capa: Casa Rex

Créditos dos mandalas: 1ª capa – Francisco Noronha, s./d. / 2ª capa – *à esq.*, Eva Ganc, 2008; *acima à dir.*, Angela Maria Roquette Vaz, 2002; *abaixo à dir.*, Francisco Noronha, 1968 / 3ª capa: *à dir.*, Francisco Noronha, s./d.; *acima à esq.*, Francisco Noronha, s./d.; *abaixo à esq.*, Maury, 1990 / 4ª capa – Francisco Noronha, s./d.
Todas as imagens pertencem ao acervo da Casa das Palmeiras–Nise da Silveira

CIP-BRASIL. CATALOGAÇÃO NA PUBLICAÇÃO
SINDICATO NACIONAL DOS EDITORES DE LIVROS, RJ

S589j

Silveira, Nise da, 1905-1999
    Jung : vida e obra / Nise da Silveira. – 7. ed. – Rio de Janeiro : Paz e Terra, 2025.
    224 p.

    ISBN 978-65-5548-073-3

    1. Jung, C. G. (Carl Gustav), 1875-1961. 2. Psicanalistas – Biografia – Suíça. 3. Psicanálise. I. Título.

23-82981

CDD: 150.1954
CDU: 929:159.964.26

Gabriela Faray Ferreira Lopes – Bibliotecária – CRB-7/6643

Este livro foi revisado segundo o Acordo Ortográfico da Língua Portuguesa de 1990.

Direitos de edição da obra em língua portuguesa no Brasil adquiridos pela editora PAZ E TERRA. Todos os direitos reservados. Nenhuma parte desta obra pode ser apropriada e estocada em sistema de bancos de dados ou processo similar, em qualquer forma ou meio, seja eletrônico, de fotocópia, gravação etc., sem permissão do detentor do copyright.

EDITORA PAZ E TERRA LTDA.
Rua Argentina, 171 – Rio de Janeiro, RJ – 20921-380
Tel.: (21) 2585-2000.

Seja um leitor preferencial Record.
Cadastre-se no site www.record.com.br
e receba informações sobre
nossos lançamentos e nossas promoções.

Atendimento e venda direta ao leitor:
sac@record.com.br

Impresso no Brasil
2025

Sumário

Nota da Editora   9
Apresentação, por Pietro Accetta   11
Prefácio à primeira edição   15

Capítulo 1. C.G. Jung: vida e obra   17
   Leituras   34

Capítulo 2. Das experiências de associações à descoberta
dos complexos   35
   Assimilação dos complexos   44
   Evolução do conceito de complexo   45
   Psicologia complexa   47
   Leituras   48

Capítulo 3. A energia psíquica e suas metamorfoses 49
   Leituras   58

Capítulo 4. Tipos psicológicos   59
   Tipo pensamento extrovertido   65
   Tipo sentimento extrovertido   67

Tipo sensação extrovertida	68
Tipo intuição extrovertida	70
Tipo pensamento introvertido	71
Tipo sentimento introvertido	73
Tipo sensação introvertida	74
Tipo intuição introvertida	76
Leituras	79

Capítulo 5. Estrutura da psique, inconsciente coletivo — 81
Inconsciente pessoal	82
Inconsciente coletivo	82
Arquétipos	87
Símbolo	91
Leituras	98

Capítulo 6. Processo de individuação — 99
Leituras	116

Capítulo 7. O sonho — 117
Leituras	133

Capítulo 8. Contos de fada — 135
A bela adormecida	136
Leituras	142

Capítulo 9. Mitos — 143
Leituras	149

Capítulo 10. Alquimia 151
   Leituras 157

Capítulo 11. Religião como função psíquica 159
   Leituras 173

Capítulo 12. A obra de arte e o artista 175
   Leituras 190

Capítulo 13. Educação de jovens, educação de adultos 191
   Educação por meio do exemplo 193
   Educação coletiva 195
   Educação individual 196
   Leituras 202

Capítulo 14. C.G. Jung: obra e tempo 203
   Leituras 213

Capítulo 15. Obras de C.G. Jung 215
   Traduções em português 215
   Traduções em espanhol 218
   Traduções em inglês 220
   Traduções em francês 222

Nota da Editora

Este livro, com sua linguagem acessível e abordagem introdutória, foi responsável por apresentar a vida e o pensamento de C.G. Jung a gerações de brasileiros e brasileiras. Após alguns anos fora de catálogo, esta importante publicação retorna com bibliografia brasileira atualizada – mais de cinquenta títulos –, confirmando o compromisso da Editora Paz & Terra com a divulgação do conhecimento.

Como o presente texto foi escrito na década de 1960, leitores e leitoras do século XXI encontrarão termos que podem causar estranhamento, como "primitivo", "civilizado" e "louco". Em conversa com a Casa das Palmeiras, instituição herdeira do legado de Nise da Silveira, optamos por manter os usos. Essa decisão está embasada na significação das palavras no contexto da psicologia junguiana, devidamente explicada em notas de rodapé pela diretoria da instituição, representada pelo analista junguiano e seu vice-presidente, Walter Boechat. Assim, oferecemos mais uma camada de conteúdo e complexidade sobre o tema, com o desejo de que possíveis confusões conceituais sejam justificadas e conflitos geracionais sejam dirimidos.

NISE DA SILVEIRA

Nise da Silveira é a percursora do movimento antimanicomial no Brasil, lutou arduamente pelo respeito e pela dignidade das pessoas em sofrimento mental e garantiu conquistas expressas, principalmente, na difusão da terapia ocupacional expressiva. Fundou o Museu da Imagem do Inconsciente (1952) e a Casa das Palmeiras (1956); recebeu diversos prêmios, entre eles, o de Heroína da Pátria (*in memoriam*, 2022). Ainda hoje, décadas após seu falecimento, segue sendo exemplo e inspiração a tantas e tantos que buscam um mundo mais inclusivo, justo e amoroso.

Apresentação

Jung: vida e obra, publicado pela primeira vez em 1968, foi o livro de estreia da revolucionária psiquiatra Nise da Silveira. Não sem motivo, esta obra é apelidada carinhosamente por seus leitores e leitoras de "junguinho". A própria autora o considerou "um mapa de bolso, um itinerário de estudos", que pretende introduzir as extraordinárias ideias do também psiquiatra C.G. Jung.

Aqui, são apresentadas sínteses dos principais fundamentos teóricos, dos conceitos e dos trabalhos desenvolvidos pela psicologia junguiana, ou analítica, ao lado de diversas contribuições pessoais de Nise da Silveira. A obra se inicia com um breve relato sobre quem foi C.G. Jung e como sua história de vida alicerçou seu trabalho experimental com o associacionismo (teste de associação de palavras) até a construção da teoria dos complexos e seus afetos.

Após o percurso biográfico, são expostos alguns dos conceitos fundamentais de Jung, tais como: a energia psíquica (libido) e suas metamorfoses, os tipos psicológicos, a estruturação da psique e o inconsciente coletivo, e o processo de individuação. Igualmente, são tratados os estudos comparativos contidos nos símbolos da alquimia e das religiões, dos sonhos, dos mitos, dos contos de fada, da arte e da educação. E, para enriquecer e aprofundar os assuntos apresentados, na conclusão de cada capítulo, a autora indica uma pequena bibliografia sobre o tema.

Alguns anos antes desta publicação, em 1954, Nise da Silveira começou a se corresponder com Jung, depois de observar semelhanças entre os mandalas desenhados por seus pacientes esquizofrênicos e a teoria analítica. O início dessa troca rendeu frutos que transformaram a psiquiatra brasileira em uma das maiores difusoras da psicologia junguiana na América Latina. Em 1955, ela foi responsável por criar o Grupo de Estudos C.G. Jung, o primeiro do Brasil, com a permissão do psiquiatra suíço. O grupo está ativo ainda hoje na Casa das Palmeiras, instituição sediada no bairro de Botafogo, no Rio de Janeiro.

A Casa das Palmeiras, também fundada por Nise da Silveira, surgiu em 1956 como uma sociedade sem fins lucrativos e de utilidade pública: seu objetivo é aplicar o método terapêutico Emoção de Lidar. Criação de Nise da Silveira e embasada na revolucionária psicologia de C.G Jung, essa terapêutica é responsável por reabilitar com grande eficácia e humanidade, através da terapia ocupacional expressiva, os clientes da instituição – o que atesta seu valor social e científico.

É com enorme satisfação e alegria que a diretoria da Casa das Palmeiras–Nise da Silveira – Pietro Accetta, presidente;

Walter Fonseca Boechat, vice-presidente; Maria Angélica da Rocha Miranda Pontes, diretora administrativa; e Vera Lúcia Mafra de Macedo, diretora técnica –, em colaboração com a Editora Paz & Terra, reedita este livro. *Jung: vida e obra* é um título essencial para um público desejoso de conhecer as principais ideias de C.G. Jung, cotejadas pela psiquiatra humanista Nise da Silveira.

Somos infinitamente gratos pela valiosa parceria.

Pietro Accetta
Presidente da Casa das Palmeiras
Rio de Janeiro, 2023

Prefácio à primeira edição

Este pequeno livro não tem a pretensão de resumir a psicologia de C.G. Jung. Nunca eu tentaria realizar semelhante tarefa, que me parece impraticável. É apenas um mapa de bolso, um itinerário de estudo. Terá atingido seu objetivo se for útil, como guia e intérprete, a quem se interesse pela extraordinária riqueza do pensamento de C.G. Jung, mas que se ache um pouco perdido face ao volume e à densidade de sua obra.

Seguindo o hábito de guias e intérpretes, não consegui abster-me de uma ou outra consideração pessoal no curso do caminho. Espero que o leitor não me leve a mal por isso.

No final de cada capítulo vem uma indicação de leituras para aqueles que desejarem ampliar seus estudos sobre a psicologia junguiana. As obras indicadas não constituem, necessariamente, referências relativas ao texto. No final do livro, consta a relação das obras de Jung publicadas em português, inglês, francês e espanhol.

Agradeço afetuosamente a Otávio de Freitas Júnior, o responsável pela ideia deste livro; aos companheiros do Grupo de Estudos C.G. Jung, que me animaram a escrevê-lo; a

NISE DA SILVEIRA

Leo Victor e a Lia Cavalcanti, por muitas sugestões úteis à clareza do texto; a Aldomar Conrado, que amavelmente fez a correção ortográfica. E fico muito grata a Lourdes Mascarenhas, que datilografou o manuscrito com inalterável paciência.

Nise da Silveira
1968

Capítulo 1
C.G. Jung: vida e obra

Carl Gustav Jung nasceu a 26 de julho de 1875, em Kesswil, aldeia pertencente ao cantão da Turgóvia, Suíça. Seu pai, Paul Achilles Jung, aí exercia as funções de pastor protestante. O menino Carl Gustav tinha quatro anos quando o pai foi transferido para Klein-Hüningen, nos arredores de Basileia. Foi em Basileia que Jung fez todos os seus estudos, inclusive o curso médico. Essa cidade era, na época, um dos mais importantes centros culturais da Europa. Basta lembrar que Nietzsche deu cursos memoráveis na Universidade de Basileia no período de 1869–1879 e que o historiador-filósofo Jacob Burckhardt ocupava, por esses tempos, uma cátedra nessa mesma universidade. Também ecoava ainda naqueles dias a fama do reformador da Faculdade de Medicina de Basileia, Carl Gustav Jung, avô paterno do futuro psicólogo, que recebeu o nome de seu ancestral ilustre. Rumores corriam de que o velho C.G. Jung fosse filho ilegítimo de Goethe. Nada ficou provado neste sentido, mas comentava-se que tanto seus traços fisionômicos quanto seu inexcedível encanto pessoal o assemelhavam ao autor do *Fausto*.

No seu livro de *Memórias*, Jung não esconde as restrições que fazia ao pai. Desde muito cedo, ele viu no pastor o homem estagnado numa condição medíocre, a quem faltaram forças para seguir sua linha própria de desenvolvimento; o homem que não enfrentava as dúvidas religiosas que o atormentavam, segundo parecia ao filho. O pastor temia as experiências religiosas imediatas, agarrava-se à fé, amparava-se na Bíblia e nos dogmas. Jung nunca poderia aceitar tal atitude. Sentia-se muito mais afim com sua mãe. Menino ainda, descobriu que existiam nela duas personalidades. Uma convencional, correspondente à esposa de um pastor, que exigia do filho boas maneiras e fazia-lhe recomendações impertinentes sobre o modo de usar o lenço ou coisas semelhantes. E outra, investida de estranha autoridade, misteriosa, dotada de algo que às vezes lhe infundia medo. Quando esta segunda personalidade emergia, o menino Carl Gustav percebia a voz de sua mãe que soava mais grave e mais profunda.

É curioso assinalar que nas *Memórias* de Jung não se encontre referência a nenhum período de fervor religioso vinculado ao protestantismo, nem mesmo na infância. A ideia de Deus, entretanto, fascinava-o intensamente. E o mais singular é que as cogitações do filho do pastor não giravam em torno da figura de Cristo, tema fundamental dos ensinamentos protestantes. Ele comparava o que lhe diziam com aquilo que via em torno de si. Impressionava-se com os "imerecidos sofrimentos das pessoas e dos animais", e isso levava-o a imaginar que Deus houvesse mesmo intencionalmente criado um mundo repleto de contradições. O menino pensava e sentia Deus como uma poderosa força avassaladora que trazia consigo bem-aventurança, mas também desespero e terror. Guardava secretos esses pensamentos. A quem poderia comunicá-los se eram tão diferentes de tudo quanto se dizia na igreja ou em casa, nas conversações do pai com seus amigos também pastores? Vinha-lhe então o sentimento de que algo muito profundo o separava dos demais.

O problema da escolha de profissão não foi fácil. Tudo o interessava. A arqueologia o atraía e, simultaneamente, as ciências naturais. Por fim, decidiu-se pela medicina. Seu pai conseguiu que a universidade concedesse ao jovem estudante uma bolsa, pois a família era demasiado pobre para enfrentar as despesas de um curso superior.

Tudo fazia crer que Jung se especializasse em clínica médica. O catedrático o distinguia e já o convidara para seu assistente. Mas aconteceu que, quando se preparava para o exame de psiquiatria do currículo médico, leu no prefácio do tratado de Krafft-Ebing conceitos que o atingiram em cheio, abrindo-lhe a inesperada perspectiva de que, na psiquiatria, seus interesses pela filosofia, pelas ciências naturais e médicas poderiam encontrar um foco vivo de convergência. Imediatamente, para surpresa geral, escolheu a psiquiatria.

Jung concluiu o curso médico em 1900, aos 25 anos, e logo deixou Basileia para vir ocupar o cargo de segundo assistente no Hospital Burghölzli, de Zurique (10 de dezembro de 1900). Este hospital vivia na ocasião um período de intensa atividade científica, sob a direção de Eugen Bleuler, sem dúvida um dos maiores psiquiatras de todos os tempos.

A carreira de Jung no Burghölzli foi das mais brilhantes. Já em 1902 passava a primeiro assistente e defendia sua tese de doutoramento. Esse trabalho teve por título *Psicologia e patologia dos fenômenos ditos ocultos*. Trata-se do estudo do caso de uma jovem médium espírita. Jung, em 1902, interpreta os numerosos espíritos manifestados como personificações de aspectos diferentes e até opostos da própria médium e classifica-os em dois grupos: o tipo grave-religioso e o tipo alegre-libertino. Mas igualmente "ela se sonha" num estado superior que ultrapassa os extremos que a dilaceram. O espírito Ivenes, de categoria mais alta, encarna sua segunda personalidade, ainda em processo de desenvolvimento.

No ano de 1905, foi designado primeiro Oberarzt, isto é, assumia o posto imediatamente abaixo de Bleuler na hierarquia do hospital. No mesmo ano, era nomeado Privatdozent, iniciando cursos de crescente repercussão na Universidade de Zurique.

No Burghölzli, Jung trabalhou incansavelmente como colaborador de Bleuler e como pesquisador original. Marcaram época suas experiências sobre as associações verbais. Essas experiências, iniciadas com o intento de trazer esclarecimentos concernentes à estrutura psicológica da esquizofrenia, em breve transformavam-se, nas mãos do jovem pesquisador, num método de exploração do inconsciente. Conduziram-no à descoberta dos *complexos afetivos*. A conceituação de complexo, juntamente com a técnica para detectá-lo, foi a primeira contribuição de Jung para a psicologia moderna.

No ano de 1906, Jung publicou os *Estudos diagnósticos de associações*; *A psicologia da dementia praecox* apareceu em 1907 e, a seguir, em 1908, *O conteúdo da psicose*. Os dois últimos trabalhos demonstram que, nas psicoses, todos os sintomas, ainda os mais absurdos, encerram significações, descrevem as frustrações, desejos e esperanças dos doentes.

Somente em 1907 Jung entrou em contato pessoal com Freud. No dia 27 de fevereiro daquele ano, Jung visitou Freud em Viena, e esta primeira visita prolongou-se por treze horas a fio de absorvente conversação. Freud logo reconheceu o alto valor de Jung e viu no suíço, no não judeu, a pessoa adequada para conduzir avante a psicanálise. Mas sobretudo viu nele "um filho mais velho", um "sucessor e príncipe coroado" (carta de Freud a Jung, datada de 16 de abril de 1909).

De 1907 a 1912, estabeleceu-se estreita colaboração entre Freud e Jung. No outono de 1909, viajaram juntos aos

Estados Unidos, por ocasião das comemorações do vigésimo aniversário da Universidade Clark. Freud ali pronunciou as célebres *Cinco conferências sobre psicanálise* e Jung apresentou seus trabalhos relativos às associações verbais.

Em 1910 foi fundada a Associação Psicanalítica Internacional. Freud usou toda a sua influência para que Jung fosse eleito presidente dessa Associação, e assim aconteceu. Mas, já em 1912, o livro de Jung *Metamorfoses e símbolos da libido* marcava divergências doutrinárias profundas que o separaram de Freud. Eram ambos de personalidades demasiado diferentes para caminharem lado a lado durante muito tempo. Estavam destinados a defrontar-se como fenômenos culturais opostos.

Jung casou-se em 1903 com Emma Rauschenbach, nascida em 1882. O casal teve cinco filhos. Emma era uma companheira devotada, solidária e muito interessada pelos problemas de psicologia. Dedicou-se durante longos anos a pesquisas sobre a legenda do Graal, morrendo, porém, antes de concluir sua obra (1955). Seu livro *A legenda do Graal: do ponto de vista psicológico*, levado a termo pela Dra. Marie Louise von Franz, foi publicado em 1960.

Desde 1909 até morrer, Jung residiu na mesma casa, na Seestrasse 228, às margens do lago de Zurique.

Jung era um homem alto, de boa constituição, robusto. Tinha um vivo sentimento da natureza. Amava todos os animais de sangue quente e sentia-se com eles "estreitamente afim". Amava as escaladas das montanhas, porém preferia velejar sobre o lago de Zurique. Possuía barco próprio. Na mocidade, passava às vezes vários dias velejando em companhia de amigos, que se revezavam no leme e na leitura em voz alta da *Odisseia*. Igualmente velejava sozinho e o fez até idade bastante avançada.

Aos 38 anos (1913), Jung havia cumprido largamente todas as tarefas da primeira metade da vida. Tinha constituído família; afirmara-se no campo profissional, sendo procurado por enorme clientela que acorria de toda a Europa e da América; conquistara renome científico mundial.

Agora ia abrir-se uma nova fase na sua vida. Haviam sido rompidos os laços com o grupo psicanalítico. E, nesse mesmo ano de 1913, Jung renunciou ao título de Privatdozent (já em 1909 demitira-se do cargo de psiquiatra do Burghölzli), abandonando assim a carreira universitária. Iniciava-se um difícil período de solidão.

Começava um período de ativação do inconsciente, de intensas experiências interiores, de sonhos impressionantes e mesmo de visões. Jung decidiu deixar que as imagens do inconsciente emergissem. Pareceu-lhe que a melhor solução seria esforçar-se por decifrar-lhes o sentido, mantendo a consciência sempre vigilante e não perdendo o contato com a realidade exterior.

Foi por meio da interpretação de seus sonhos e experiências internas que Jung chegou à descoberta de um centro profundo no inconsciente, centro ordenador da vida psíquica e fonte de energia.

Atento aos fenômenos que se desdobravam no íntimo de si próprio, apreendeu o fio e a significação do curso que tomavam, verificando que outra coisa não acontecia senão a busca da realização da personalidade total (Processo de individuação, ver Capítulo 6).

Livre dos preconceitos científicos ainda vigentes, nas suas *Memórias*, escritas aos 83 anos, Jung refere-se às experiências interiores vivenciadas entre dezembro de 1912 e fins de 1918, dizendo: "Levei praticamente 45 anos para destilar dentro do recipiente de meu trabalho científico as coisas que experimentei naquele tempo."

Para que o indivíduo não seja tragado pelo inconsciente, adverte Jung, é necessário manter-se firmemente enraizado na realidade externa, ocupar-se de sua família, de sua profissão. E, sem perder o ânimo, encarar face a face as imagens do inconsciente. Certo, a tarefa é difícil. Para levá-la a termo sem nenhuma ajuda, tal como Jung o conseguiu, o requisito prévio será a existência de um ego bem estruturado e coeso, pois o processo inconsciente terá de ser continuamente ligado ao consciente.

Jung nunca interrompeu seu trabalho profissional necessário à manutenção da família, não tendo ele emprego nem rendas. Serviu durante a Primeira Guerra Mundial como comandante do campo de prisioneiros de Château d'Oex.

Os acontecimentos internos serão auto-observados e experienciados intimamente e "não devem de modo algum tocar na superfície visível da vida".

Só a publicação das *Memórias* revelou a aventura vivida corajosamente por Jung. Nada o faria supor na sua conduta. Se durante o tempo dessas experiências internas Jung não publicou nenhum livro, escreveu, entretanto, vários ensaios da mais lúcida construção científica, nos quais já são utilizados, sem que ninguém o pudesse supor, elementos dessas sofridas experiências que viriam a ser a base de toda a sua teoria psicológica e de seus métodos psicoterapêuticos. Destacam-se duas conferências pronunciadas em Londres, "Sobre a compreensão psicológica e sobre a importância do inconsciente em psicopatologia", julho de 1914; "A estrutura do inconsciente", 1916, posteriormente ampliada num livro fundamental (*O eu e o inconsciente*); e os livros *Psicologia do inconsciente*, 1917, e *Sobre o inconsciente*, 1918.

Em 1920, aparece *Tipos psicológicos*. Poder-se-á dizer que esse livro funciona como uma compensação ao período de excessiva introversão, forçada pelas experiências interiores, pois trata-se de entender as relações do indivíduo com os demais, com as coisas e com o mundo.

A paixão de conhecer a alma humana levou Jung a longas viagens. No ano de 1921, foi ao norte da África. Em 1924–1925, conviveu com os indígenas Pueblo do Estados Unidos e, em 1925–1926, esteve no monte Elgon, na África Oriental

Britânica. Certamente interessava-o, e muito, a alma do primitivo,* mas sua principal intenção nessas viagens, segundo declara, era encontrar oportunidade para ver a imagem do europeu refletida nos olhos de pessoas de outras culturas. E qual foi a imagem do branco que Jung captou? "Aquilo que de nosso ponto de vista chamamos colonização, missões aos pagãos, difusão da civilização etc. tem outra face – a face de uma ave de rapina procurando com diligente crueldade presas distantes – uma face digna de piratas e de salteadores de estrada."

De suas viagens, Jung trouxe muito mais do que a imagem do branco refletida nos olhos dos colonizados, a análise das reações do europeu no mundo selvagem ou importantes aquisições referentes à psicologia do primitivo. Trouxe a descoberta da significação cósmica da consciência. Impressionava-o que o nascer do sol fosse para o ser humano primitivo um momento de concentrada emoção, que parecia

---

* A palavra "primitivo", utilizada largamente por C.G. Jung em sua obra, não apresenta uma carga pejorativa ou subordinada ao conceito de "civilizado". Em vida, Jung buscou perspectivas fora da tradição ocidental clássica, a fim de propor uma psicologia universal válida e condizente com sua teoria dos arquétipos e do inconsciente coletivo. Dessa forma, viajou a muitos lugares fora da Europa e conviveu com diversos povos ao redor do globo, realizando um trabalho de grande pioneirismo. O ser humano primitivo deve ser considerado como aquele que não está sob influência da cultura branca ocidental e, portanto, está mais ligado a sua origem, a seus primórdios. É possível correlacionar o termo com o uso contemporâneo e mais corrente de "povo originário", uma vez que não há um juízo de valor hierarquizante. [Esta e as demais notas do livro são assinadas por Walter Boechat, analista junguiano e vice-presidente da Casa das Palmeiras–Nise da Silveira.]

denso de significações secretas. De outra parte, observara que, durante a noite, o primitivo estava sempre inquieto e medroso, receando perigos misteriosos, mas quando chegava o sol recuperava a segurança, tudo se lhe afigurava bom e belo. Deduziu Jung que a escuridão noturna corresponde à noite psíquica primordial, ao estado de inconsciência, e "o anelo pela luz é o anelo pela consciência".

O período que se seguiu à publicação de *Tipos psicológicos* foi principalmente dedicado por Jung ao reexame de suas intuições, vivências pessoais e observações clínicas referentes ao inconsciente coletivo. Seus trabalhos sobre o conceito de inconsciente coletivo e os arquétipos foram, na maioria, primeiro apresentados em forma de conferências (nas reuniões científicas internacionais denominadas Eranos, realizadas em Ascona) e só publicados em livros anos mais tarde, depois de revistos e amplamente documentados. Por exemplo: o ensaio "Os arquétipos do inconsciente coletivo" (Eranos, 1934) apareceu em livro, modificado e ampliado, vinte anos depois; o trabalho sobre "O arquétipo materno" sofreu elaboração quase tão longa, pois, nascido no Eranos de 1938, veio a tomar lugar nas obras de Jung em 1954.

Se a intuição é um relâmpago, se a experiência interior é um relâmpago, o trabalho científico necessariamente terá de ser construído devagar e com prudência. Jung nunca se embriagou de orgulho nem pelo seu gênio nem pelas suas experiências interiores (experiências que outros frequentemente interpretam como privilégios sobrenaturais). Se ele era um ser humano, os demais deveriam ter vivido algo semelhante ao que ele estava vivendo. Pôs-se então a buscar prefigurações históricas para suas experiências interiores e, nessas pesquisas, fez o surpreendente achado de que o processo pelo qual ele próprio passara correspondia ao processo de transformação alquímica.

A "arte" alquímica seria a projeção sobre a matéria de processos em desdobramento no inconsciente. Vivenciados pelos alquimistas, continuavam acontecendo no presente, segundo o simbolismo que os sonhos de homens e mulheres contemporâneos deixavam entrever. Assim, a psicologia analítica encontrou na alquimia sua contraparte histórica.

Fiel ao seu método de trabalho, Jung apresentou essa nova descoberta numa conferência feita no Eranos de 1935, "Símbolos oníricos do processo de individuação", seguida, em 1936, de uma outra, "A ideia de salvação na alquimia". Essas conferências foram retrabalhadas e enriquecidas de enorme documentação e, por fim, publicadas num volume, sob o título de *Psicologia e alquimia*, em 1944.

A obra de Jung é comparável a um organismo vivo que cresce, se desenvolve e se transforma simultaneamente com seu autor.

Em 1945, Jung completou 70 anos. E estava no apogeu da atividade criadora. Prosseguia nas pesquisas sobre alquimia, publicando *Psicologia da transferência*, 1946, e *Mysterium coniunctionis*, livro que muitos julgam sua obra máxima, no qual trabalhou durante dez anos e que foi publicado em 1955, quando o autor atingia os 80 anos.

Simultaneamente, escrevia numerosos ensaios, dentre os quais apenas citaremos *Resposta a Jó*, 1952, um de seus livros mais belos e mais discutidos.

Sempre atento aos acontecimentos contemporâneos, depois dos 80 anos, escreveu, ainda, *Presente e futuro*, 1957, e *Um mito moderno sobre as coisas vistas no céu* (os discos voadores), 1958. Quando se poderia talvez pensar que os assuntos da prática médica não mais o interessavam, Jung apresentou, no Congresso Internacional de Psiquiatria, Zurique, 1957, um trabalho sobre a esquizofrenia, que é não somente interpretação teórica dessa doença como também está cheio de indicações utilizáveis pelo psiquiatra clínico no trabalho cotidiano.

Seu último livro é o de suas memórias, mas memórias muito especiais: "Minha vida foi singularmente pobre em acontecimentos exteriores. Sobre estes não posso dizer muito, pois se me afiguram ocos e desprovidos de consistência. Eu só me posso compreender à luz dos acontecimentos interiores. São estes que constituem a peculiaridade de minha vida e é deles que trata minha autobiografia."

Nas *Memórias* de Jung acompanha-se a realização de uma vida e de uma obra inextricáveis.

O conjunto das obras completas de Jung consta, na edição inglesa, de dezoito volumes, afora numerosos seminários mimeografados, pertencentes ao Instituto C.G. Jung de Zurique.

A partir de 1933, correram boatos de que Jung teria simpatia pelo nazismo. Sejam examinados os fatos. Em 1930 (antes de Hitler assumir o poder), Jung fora eleito vice-presidente da Sociedade Médica Internacional de Psicoterapia, com sede em Berlim. O presidente da Sociedade era E. Kretschmer. Quando Hitler tomou o poder, E. Kretschmer deixou a presidência, e os membros da Sociedade, compreensivelmente alarmados, dada a situação da Alemanha, pediram insistentemente a Jung que aceitasse a presidência. Sua autoridade científica e sua condição de suíço representavam verdadeira tábua de salvação. "Deveria eu", perguntou Jung a seus acusadores, "na atitude de neutro prudente retirar-me para a segurança do lado de cá da fronteira e lavar as mãos em inocência, ou deveria – segundo estava bem consciente – arriscar minha pele e expor-me a inevitáveis mal-entendidos, aos quais não poderia escapar todo aquele que, por força de premente necessidade, tivesse de entrar em contato com os poderes políticos existentes na Alemanha?". Jung decidiu correr os riscos que previra. Sob a presidência de Jung, a Sociedade Médica Internacional de Psicoterapia conseguiu realizar dois congressos fora da Alemanha: um em Copenhague, 1937, e outro em Oxford, 1938. Decerto esses encontros noutros países representaram verdadeiros respiradouros para muitos cientistas alemães.

Jung interpretou o nacional-socialismo como fenômeno patológico. Uma irrupção do inconsciente coletivo. "Wotan" havia tomado posse da alma do povo alemão. E quem é

Wotan? É o deus pagão dos germânicos, "um deus das tempestades e da efervescência, desencadeia paixões e apetites combativos". Num ensaio publicado em 1936, Jung traça o paralelo entre Wotan redivivo e o fenômeno nazista. Wotan é uma personificação de forças psíquicas – corresponde a "uma qualidade, um caráter fundamental da alma alemã, um 'fator' psíquico de natureza irracional, um ciclone que anula e varre para longe a zona calma onde reina a cultura". Os fatores econômicos e políticos pareceram a Jung insuficientes para explicar todos os espantosos fenômenos que estavam ocorrendo na Alemanha. Wotan reativado no fundo do inconsciente, Wotan invasor, seria a explicação mais pertinente. E estávamos apenas em 1936!

O argumento decisivo é, porém, a atitude dos nazistas em relação a Jung. Com o aparecimento do livro *Psicologia e religião*, 1940, as autoridades decidiram que toda a sua obra seria interditada e queimada na Alemanha, bem como nos países ocupados por Hitler.

Outra acusação correlata com a de simpatizante do nazismo foi a de antissemita; seria desde logo estranho admitir que um psicólogo, toda a sua vida em busca do fundo psíquico comum a todas as pessoas (inconsciente coletivo), eternamente existente sob as diferentes peculiaridades individuais, locais, nacionais, raciais e históricas, fosse partidário de discriminações entre essas mesmas pessoas cuja alma tinha para ele igual estrutura básica. Seria também extravagante que um antissemita contasse entre seus discípulos mais próximos precisamente pessoas de origem semita. Basta lembrar alguns nomes. Erich Neumann, judeu alemão. Chefiava o grupo junguiano em Tel Aviv, Israel, onde morreu em 1960. Seus livros são originais aplicações da psicologia junguiana. *Histórias das origens da consciência*, sua obra principal, é prefaciada por Jung. Gerhard Adler, judeu alemão refugiado do nazismo, um dos mais destacados elementos do grupo junguiano na Inglaterra, coeditor das obras completas de Jung. Adler define esses ataques a Jung como devidos à "completa ignorância ou, pior, à maldade intencional". Roland Cahen, francês de origem semita, é quem chefia a escola junguiana na França e dirige a publicação das obras de Jung em língua francesa.

Fossem as acusações resultantes de um mal-entendido, sem raízes emocionais, teriam sido logo liquidadas de modo definitivo, face a tantas documentações e testemunhos logicamente irrefutáveis. Entretanto, a persistência desses rumores bem indica que por trás deles fermentam ainda as divergências entre Jung e o grande judeu Freud, nunca perdoadas pelos discípulos do mestre ortodoxo.

Jung possuía uma casa de campo em Bollingen (São Galo, Suíça), bem junto ao lago. Começou a construí-la em 1923. Era de início uma ampla estrutura circular, de dois andares, espécie de torre. Depois foi acrescentada uma parte central e, anexa a esta, outra torre mais estreita. Anos mais tarde, um pátio descendo até o lago veio prolongar a casa e, em 1955, um andar superior foi adicionado à parte central. Somente então, narra Jung nas suas *Memórias*, ele se apercebeu de que essas diferentes partes, construídas com vários anos de permeio, constituíam um conjunto significativo, um símbolo da totalidade psíquica. A ampla torre, com sua lareira, representava o "maternal": a segunda torre, onde ninguém entrava sem sua permissão, lugar de retiro e de meditação, representava o "espiritual". O pátio era a abertura para a natureza e, finalmente, o andar levantado por último, sobre a parte central, representava o ego significando a extensão da consciência atingida na velhice. Assim, a casa de Bollingen era "a representação em pedra dos meus mais íntimos pensamentos e dos conhecimentos que eu tinha adquirido".

Na casa de Bollingen, "não fiz instalar eletricidade, e eu mesmo tomo conta da lareira e da estufa. À noite acendo velhas lâmpadas. Lá não existe água corrente e tiro água do poço com a bomba. Corto a lenha e cozinho os alimentos. Esses atos simples tornam o ser humano simples; e como é difícil ser simples!" Ainda em Bollingen, Jung trabalhava sobre pedra, esculpindo ou cinzelando inscrições, e pintava murais inspirados nas suas imagens interiores. Esse lugar era realmente o hábitat ideal para o Velho Sábio. De modo algum foi Jung um melancólico que fugisse do mundo. Sua jovialidade era conhecida, e comentava-se a riqueza da gama de seus risos, que ia desde o sutil sorriso do intelectual requintado à vasta gargalhada de um camponês sadio. Estava sempre pronto a relacionar-se com outra pessoa – discípulo, amigo ou mesmo visitante estrangeiro. "Não quero libertar--me nem dos seres humanos, nem de mim mesmo, nem da natureza, porque tudo isso apresenta-se para mim como o maior dos milagres."

Cada ano, Jung prolongava por mais tempo suas estadias em Bollingen. Na primavera de 1961, não chegou a ir para lá. Adoeceu. E, na tarde de 6 de junho, morreu tranquilamente.

Pode-se aplicar a Jung aquilo que ele próprio disse referindo-se a Paracelso: "E do mesmo modo que ele apanhava em torno de si, sem nenhum preconceito, a matéria-prima para sua experiência exterior, ia buscar também nas trevas primitivas de sua alma as ideias filosóficas fundamentais de sua obra."

Tomando este ponto de vista, os capítulos seguintes não serão mais que desenvolvimentos destas breves notas biográficas.

Leituras

C.G. Jung, *Memórias, sonhos, reflexões*. Esse livro permite que se sinta vivamente a personalidade de Jung e dá a chave para a compreensão de sua obra.

C.G. Jung, *O homem e seus símbolos*. Livro escrito por Jung e alguns de seus discípulos, especialmente para o leitor não especializado.

Capítulo 2

Das experiências de associações à descoberta dos complexos

Assim que concluiu o curso médico, na Universidade de Basileia, Jung, com 25 anos, foi para Zurique ocupar o posto de segundo assistente no hospital psiquiátrico dessa cidade, o famoso Burghölzli (10 de dezembro de 1900). Teremos de fazer pequena incursão no campo da psiquiatria, pois foi num hospital de alienados que Jung iniciou sua carreira científica e deu as primeiras medidas da força de seu gênio.

O diretor do Burghölzli era o grande Eugen Bleuler. Naqueles primeiros anos do século, estava ele elaborando sua monografia revolucionária, *Dementia praecox ou o grupo das esquizofrenias*, publicada em 1911. Bleuler não se contentava com a descrição dos sintomas das doenças mentais. Quis dar à psiquiatria uma base psicológica, do mesmo modo que a medicina interna tinha seus fundamentos na fisiologia. Com esse intento, recorreu ao *associacionismo*, teoria que então dominava a psicologia. Segundo o associacionismo, a vida psíquica explicar-se-ia pelas combinações e recombinações dos elementos mentais, que entrariam em conexão segundo determinadas leis (leis de contiguidade, semelhança, contraste etc.). De acordo com o pensamento de sua época, Bleuler escrevia: "Toda a existência psíquica do passado e do presente com todas as suas experiências e lutas reflete-se na atividade associativa. Essa atividade é, portanto, índice de todos os processos psíquicos que necessitamos decifrar a fim de conhecer o ser humano total."

Era, pois, perfeitamente lógico que as experiências de associações fossem consideradas muito importantes no Burghölzli. O jovem Jung tornou-se rapidamente perito na execução dessas experiências e o mais próximo colaborador de Bleuler na procura do distúrbio psicológico que estivesse sempre presente nas diversas formas clínicas da doença-enigma então chamada demência precoce. "Com a ajuda dos estudos de Jung, Bleuler descobriu que esse distúrbio comum é a *dissociação psi*, daí o nome de esquizofrenia" (J. Shatzky, no prefácio à tradução inglesa do *Manual de psiquiatria* de Bleuler). Foi fundamentado num imenso acervo de observações clínicas e nas pesquisas experimentais sobre associações que Bleuler propôs a substituição da denominação de demência precoce pela de esquizofrenia (do grego: separar, fender).

*

Vejamos em que consistiam as experiências de associações, tais como Jung as praticava.

O experimentador organizava uma lista de palavras isoladas, desprovidas de qualquer relação significativa entre si. São as *palavras indutoras*. O indivíduo examinado é solicitado a reagir a cada palavra indutora pronunciando uma única palavra, a primeira que lhe ocorra. Essa palavra é denominada *palavra induzida*. O experimentador mede o tempo decorrido entre uma e outra com um cronômetro que indica quintos de segundo. O cronômetro é posto em movimento quando o experimentador pronuncia a última sílaba da palavra indutora e é detido logo que o examinando profere a primeira sílaba da palavra induzida. O tempo escoado entre uma palavra e outra é o tempo de reação. Em média, provocam-se cinquenta reações, ou pouco mais. Será inconveniente prolongar excessivamente a experiência, a fim de evitar cansaço.

O experimentador permanece sempre atento aos vários incidentes que possam ocorrer no curso da experiência. Os tempos de reação variam muito, ora são breves, ora longos. O examinando, em vez de responder por uma só palavra responde com uma frase, ou repete a palavra indutora, hesita, ri, reage com a mesma palavra a diferentes palavras indutoras, enrubesce, transpira etc.

Essas diversas perturbações que eram desprezadas pelos experimentadores da psicologia clássica como ocorrências incômodas, sem maior importância, atraíram particularmente a atenção de Jung. O jovem psiquiatra havia lido *A interpretação dos sonhos* de Freud, publicada em 1900. Seu espírito estava alerta. Ele descobriu o que acontecia: todas essas perturbações indicariam que a palavra indutora havia atingido um *conteúdo emocional*, oculto no íntimo do examinando, no inconsciente. Esses conteúdos seriam "complexos de ideias dotadas de forte carga afetiva". Jung denominou-os "complexos afetivos" ou simplesmente "complexos". Ficava assim demonstrada experimentalmente a existência do psiquismo inconsciente.

Eis, entre muitos, dois exemplos citados por Jung: no primeiro caso, trata-se de uma mulher de 30 anos, casada, católica. O marido é protestante. Ambos afirmaram que a diferença de religião em nada influía sobre o bom entendimento entre o casal. Mas a paz doméstica era perturbada por constantes e violentas cenas de ciúmes por parte da esposa, que fazia descabidas acusações de infidelidade ao marido. A prova das associações, por intermédio das palavras induzidas – rezar, separar, casar, disputar, família, felicidade, falso, beijar, escolher, contente –, que se mostraram críticas em meio a numerosas outras palavras indutoras, revelou que a situação daquele lar caminhava para a decomposição. A diferença de religião criava um clima extremamente tenso. E, sobretudo, ela vivia aguilhoada por desejos eróticos em relação a outros homens, enquanto o marido era um modelo de fidelidade.

Exemplo trágico é o caso de uma doente que apresentava um quadro clínico grave de depressão. Trata-se de uma mulher de 32 anos, casada, mãe de dois filhos. Depois da morte de sua filha mais velha, de 4 anos, ela adoeceu gravemente. A experiência de associações revelou, pelas reações a certas palavras indutoras, que algo de muito sério, de muito carregado de emoção, que o ego não tinha forças para incorporar, estava por trás daquela condição patológica. Jung vislumbrou a tragédia oculta e isso abriu caminho para que a confissão fosse feita: quando solteira, ela havia amado um rapaz rico, de situação social superior à sua e que parecia não lhe dar nenhuma atenção. Casou-se com outro e teve dois filhos. Recentemente soubera que aquele rapaz também a havia amado e sofrera quando ela se casou. Isso a perturbou, absorveu seus pensamentos. Aconteceu então que, dando banho na filha, a menina chupou água da esponja embebida. O menino mais novo aproximou-se e também bebeu água da banheira onde se banhava a irmã. A mãe nada fez para impedir o gesto das crianças. A água não era potável. A menina morreu de febre tifoide. Depois que Jung ajudou-a a tomar consciência do seu desejo inconsciente de libertar-se das crianças para ir ao encontro do antigo amado, a doente curou-se e dentro de pouco tempo deixou o hospital.

Mas, quando o psiquismo já se achava com suas funções todas dissociadas (nos psicóticos), as experiências de associações pareciam inteiramente impraticáveis. Jung, entretanto, não se deu por vencido. Recorreu a um estratagema; passou a empregar como palavras indutoras precisamente os neologismos e estereotipias verbais dos doentes. Graças a esse hábil recurso e por meio de labor infinitamente paciente, conseguiu descobrir nos dementes precoces (esquizofrênicos) complexos semelhantes aos que são encontrados em neuróticos e mesmo em indivíduos normais. "Na demência precoce não há sintoma que seja desprovido de base psicológica e significação. Mesmo as mais absurdas de suas manifestações são símbolos de pensamentos que não só podem ser compreendidos em termos humanos, mas também existem dentro de cada pessoa." Estavam lançadas as bases da psiquiatria interpretativa.

Se, de uma parte, Bleuler permanecia preso ao associacionismo, teoria adotada pela psicologia clássica, de outra parte, seu espírito estava aberto às recentes e discutidas ideias de Freud. Daí decorreu que, no início do século, o Burghölzli haja vivido, em grande vibração, o momento histórico do nascimento da psiquiatria interpretativa (em oposição à psiquiatria descritiva). A. A. Brill, psiquiatra americano que estagiou nesses anos memoráveis no Burghölzli, descreve o verdadeiro fervor que empolgava o grupo de colaboradores de Bleuler, quando todos queriam pôr à prova as ideias recém-lançadas por Freud, buscando verificar se, de fato, era possível descobrir elos causais para fenômenos tão díspares como lapsos, sonhos, sintomas neuróticos e delírios dos grandes loucos.* Essa procura era feita não só por meio de associações livres, segundo preconizava Freud, mas também por intermédio de experiências de associações induzidas. "Todos os assistentes, além de seus trabalhos de rotina, despendiam várias horas por dia realizando experiências de associações, tanto em indivíduos normais quanto em insanos" (A. A. Brill).

Jung publicou, em 1906, seu livro *Estudos diagnósticos de associações*. Em 1907, apareceu *Psicologia da dementia praecox*, e a seguir, 1908, *O conteúdo da psicose*, trabalhos que demonstram que todos os sintomas psicóticos encerram significações.

Os métodos das associações não são utilizados pelos analistas da escola junguiana. Diz Jung: "Pessoalmente não mais os emprego na prática; graças a esses métodos adquiri bastante experiência para não ter necessidade de quintos de segundo a fim de constatar certas hesitações ou certas

---

* O uso da palavra "louco" é bastante debatido na psiquiatria e na psicologia – C.G. Jung e S. Freud demonstraram que os limites entre normalidade e loucura são muito tênues. Nise da Silveira sempre se aproximou com grande afeto e carinho daqueles chamados "loucos", em atitude de reciprocidade, aprendendo com as ricas experiências arquetípicas do psicótico. Nesse sentido, esse termo remete apenas a um momento de dificuldade de inserção social no qual há predomínio de intensas experiências subjetivas. Não há nesse uso qualquer julgamento de valor ou marginalização da condição.

perturbações que percebo diretamente." Entretanto, as experiências de associações constituem excelente procedimento no ensino, para demonstrar de modo experimental a atuação dos complexos, dando ao estudante uma base sólida para a compreensão dos mecanismos psíquicos inconscientes. Com essa finalidade, são ministrados ainda atualmente cursos sobre as experiências de associações no Instituto C.G. Jung de Zurique.

O complexo – *sua autonomia*. A palavra complexo, com sua significação psicológica peculiar, foi introduzida por Jung. E fez fortuna, estando hoje incorporada ao vocabulário cotidiano de todos nós. Ouve-se correntemente dizer: eu tenho um complexo mãe, ele tem um complexo de superioridade, ela tem um complexo de inferioridade, e assim por diante. Mas, há algo de incorreto nessas expressões. A verdade é que não somos nós que temos o complexo, o complexo é que nos tem, que nos possui. Com efeito, o complexo interfere na vida consciente, leva-nos a cometer lapsos e gafes, perturba a memória, envolve-nos em situações contraditórias, arquiteta sonhos e sintomas neuróticos. O complexo obriga-nos a perder a ilusão de que somos senhores absolutos em nossa própria casa.

Os complexos são agrupamentos de conteúdos psíquicos carregados de afetividade. Compõem-se primariamente de um núcleo possuidor de intensa carga afetiva. Secundariamente estabelecem-se associações com outros elementos afins, cuja coesão em torno do núcleo é mantida pelo afeto comum a seus elementos. Formam-se assim verdadeiras unidades vivas, capazes de existência autônoma. Segundo a força de sua carga energética, o complexo torna-se um ímã para todo fenômeno psíquico que ocorra ao alcance de seu campo de atração.

A autonomia do complexo dependerá das conexões maiores ou menores que mantenha com a totalidade da organização psíquica. Por isso verifica-se em seu comportamento graus muito variados de independência. "Alguns repousam tranquilamente mergulhados na profundeza do inconsciente e mal se fazem notar; outros agem como verdadeiros perturbadores da economia psíquica; outros já romperam caminho até o consciente, mas resistem a deixarem-se assimilar e permanecem mais ou menos independentes, funcionando segundo suas leis próprias" (J. Jacobi).

Dos complexos dependem o mal-estar ou o bem-estar da vida do indivíduo. Eles podem ser comparados, diz Jung, a infecções ou a tumores malignos, que se desenvolvem sem qualquer intervenção da consciência. Como demônios soltos, infernizam a vida no lar e no trabalho. Todavia, é preciso acentuar que na psicologia junguiana os complexos não são, por essência, elementos patológicos. "Significam que existe algo conflitivo e inassimilado – talvez um obstáculo, mas também um estímulo para maiores esforços, e assim podem vir a ser uma abertura para novas possibilidades de realização." Portanto, ao lado de seu papel negativo tão proclamado, os complexos poderão desempenhar uma função positiva. Tornam-se patológicos quando sugam para si quantidades excessivas de energia psíquica.

Assimilação dos complexos

Um passo dos mais importantes para o conhecimento de si próprio, bem como para o tratamento das neuroses, será trazer à consciência os complexos inconscientes. Mas convém não esquecer que a tomada de consciência do complexo apenas no plano intelectual muito pouco modificará sua influência nociva. Há neuróticos que seriam até capazes de escrever excelentes monografias sobre seus conflitos, mas que continuam quase tão doentes quanto antes. Para que se dê a assimilação de um complexo, será necessário, junto à sua compreensão em termos intelectuais, que os afetos nele condensados sejam *ab-reagidos*, isto é, exteriorizem-se por meio de descargas emocionais. Os primitivos davam expressão a choques e traumas emocionais por meio de danças e cantos repetidos inúmeras vezes, até que se sentissem purgados desses afetos.

Nós pretendemos funcionar só com a cabeça. Por isso discorremos inteligentemente sobre nossos complexos, mas eles continuam bem encravados na textura inconsciente-

-corpo, produzindo sintomas somáticos e psíquicos totalmente irracionais.

Evolução do conceito de complexo

Jung escreveu em 1934 um curto trabalho sob o título de "Considerações gerais sobre a teoria dos complexos" (*A natureza da psique*, Obra Completa Vol. 8/2), onde amplia suas ideias sobre o assunto. Até então os complexos eram descritos como conteúdos psíquicos originados de conflitos vividos na área da problemática individual. Tinham suas raízes nos conflitos emocionais da primeira infância e também, segundo o que as experiências de associações provaram, nos conflitos do presente, em qualquer idade. Nessa revisão, ele mantém que a causa mais frequente da origem de complexos é o conflito. Admite também que choques e traumas emocionais podem, por si sós, ser responsáveis pela sua formação.

Nesse trabalho, Jung define complexo: "A *imagem* de situações psíquicas fortemente carregadas de emoção e incompatíveis com a atitude e a atmosfera consciente habituais. Essa imagem é dotada de forte coesão interna, de uma espécie de totalidade própria e de um grau relativamente elevado de autonomia" (entenda-se aqui *imagem* como "a expressão concentrada da situação psíquica global"). A maior parte dos conteúdos do inconsciente pessoal é constituída por complexos desse tipo. Entretanto Jung admite também a presença de complexos de outra natureza: complexos que seriam "manifestações vitais" da psique, feixes de forças contendo potencialidades evolutivas que, todavia, ainda não alcançaram o limiar da consciência e, irrealizadas, exercem pressão para vir à tona.

Posteriormente, considerando que os complexos não são variáveis ao infinito, Jung introduziu novos desenvolvimentos na sua teoria. Com efeito, os complexos poderão ser agrupados em categorias definidas (complexo mãe, complexo pai, complexo de poder, complexo de inferioridade etc.). "A constatação de que existem tipos bem caracterizados e facilmente reconhecíveis de complexos sugere que estes repousem sobre bases igualmente típicas." Tais bases seriam os *arquétipos*, isto é, os alicerces da vida psíquica comuns a todos os seres humanos. Visto nesta perspectiva, por trás de suas características exclusivamente pessoais, o complexo mostraria conexões com os arquétipos, ou seja, haveria sempre uma ligação entre as vivências individuais e as grandes experiências da humanidade. Por exemplo: sob a trama do complexo mãe, com suas múltiplas implicações individuais, vislumbra-se o arquétipo mãe. Desse arquétipo, depositário das mais primordiais experiências do ser humano, emana o poder fascinante e o mistério que tantas vezes envolve o complexo mãe individual e que tanto dificulta sua assimilação.

Não se surpreenda o leitor de encontrar através da obra de Jung definições de complexo que não se superponham exatamente. O mesmo ocorrerá com outros conceitos seus. Jung nunca pretendeu construir de uma vez por todas um sistema científico. Sua obra é um organismo que cresceu e transformou-se enquanto foi vivo seu autor. Fique o leitor alertado desde já e disponha-se a muitas caminhadas em circunvoluções, nessa busca apaixonante de penetração na complexidade da psique que é característica da psicologia de C.G. Jung.

Psicologia complexa

A psicologia junguiana é, às vezes, designada pelo nome de *psicologia complexa*. Não se pense que haja aí alusão aos complexos, que tal denominação possa significar que se trate de uma psicologia dos complexos. Essa expressão pretende indicar uma orientação psicológica que se ocupa dos fenômenos psíquicos vistos na sua complexidade, ao contrário de outras correntes que visam reduzir o mais possível os fenômenos complexos a seus elementos. A denominação, proposta pela colaboradora de Jung, Toni Wolff, não se difundiu. Somente na Alemanha ainda é usada. Em toda parte, a psicologia de C.G. Jung é conhecida como *psicologia analítica*, distinguindo-se assim da *psicanálise* de Freud.

Leituras

C.G. Jung, *O homem e a descoberta da sua alma*. A segunda parte do livro é dedicada ao estudo dos complexos. Leitura muito acessível.

C.G. Jung, *Psicogênese das doenças mentais*, Obra Completa Vol. 3, onde o leitor particularmente interessado em psiquiatria encontrará as obras "A psicologia da *dementia praecox*" (1907) e "O conteúdo da psicose" (1908), que constituem pedras angulares da psiquiatria interpretativa. No mesmo volume, há outros trabalhos psiquiátricos mais modernos, inclusive um retrospecto e síntese sobre a esquizofrenia (1957). Leitura para especialistas.

C.G. Jung, "Aspectos psicológicos do arquétipo materno" em *Arquétipos e o inconsciente coletivo*, Obra Completa Vol. 9/1, e "A importância do pai no destino do indivíduo", *Freud e a psicanálise*, Obra Completa Vol. 4. Leituras para quem deseja aprofundar o estudo das conexões entre complexo e arquétipo.

J. Jacobi, *Complexo, arquétipo e símbolo na psicologia de C.G. Jung*. Livro que estuda com clareza esses três elementos fundamentais da psicologia junguiana.

Capítulo 3
A energia psíquica e suas metamorfoses

Seguindo o método de acompanhar cronologicamente, tanto quanto possível, o desenvolvimento da obra de Jung em estreita conexão com sua biografia, começaremos este capítulo comentando o livro *Símbolos de transformação*, publicado em 1912 com o título de *Metamorfoses e símbolos da libido*. Foi nesse livro onde Jung apresentou, pela primeira vez, seu conceito de energia psíquica. Enquanto Freud atribui à libido significação exclusivamente sexual, Jung denomina libido a energia psíquica tomada num sentido amplo. *Energia psíquica e libido são sinônimos*. Libido é apetite, é instinto permanente de vida que se manifesta pela fome, sede, sexualidade, agressividade, necessidades e interesses os mais diversos. Tudo isso está compreendido no conceito de libido. A ideia junguiana de libido aproxima-se bastante da concepção de *vontade*, segundo Schopenhauer. Entretanto, Jung não chegou a essa formulação por meio dos caminhos da reflexão filosófica. Foi a ela conduzido pela observação empírica, no seu trabalho de médico psiquiatra.

Será inevitável, portanto, que de novo penetremos no terreno da psiquiatria. Atento à conduta do doente, pergunta Jung: a perda do contato com a realidade, na esquizofrenia, resultaria da retração do interesse libidinal, na acepção de interesse erótico? Freud sustentava essa opinião. Jung não aceitou que o contato com a realidade fosse mantido unicamente por meio de "afluxos de libido", ou seja, de interesse erótico. Verificava em seus doentes a perda não só do interesse sexual, mas de todos os interesses que ligam a pessoa ao mundo exterior. Para estar de acordo com Freud seria, portanto, necessário admitir que toda relação com o mundo era, na essência, uma relação erótica. Isto pareceu a Jung *inflação* excessiva do conceito de sexualidade. Sua posição, desde o início, foi esta. Já no prefácio do livro *Psicologia da demência precoce*, havia escrito: "Fazer justiça a Freud não implica, como muitos temem, submissão incondicional a um dogma; pode-se muito bem manter um julgamento independente. Se eu, por exemplo, aceito os mecanismos complexos dos sonhos e da histeria, isso não significa que atribua ao trauma sexual infantil a importância exclusiva que Freud parece conceder-lhe. Ainda menos isso significa que eu coloque a sexualidade tão predominantemente no primeiro plano ou que lhe atribua a universalidade psicológica que Freud lhe atribui, dado o papel enorme que, decerto, a sexualidade desempenha na psique." Note-se que esse prefácio está datado de julho de 1906.

Daí se vê que entre Freud e Jung não existiram relações do tipo mestre–discípulo, segundo se repete tão frequentemente. A verdade é que Jung nunca deu sua adesão total a Freud.

Quando leu as primeiras obras de Freud – *Estudos sobre a histeria* e *A interpretação dos sonhos* –, embora fosse ainda muito jovem, Jung apercebeu-se de que estava diante de descobertas importantíssimas. Ficou fascinado pelos dinamismos do inconsciente que se revelavam a seus olhos. E, tanto na prática clínica quanto na experimentação psicológica, comprovou a existência dos mecanismos descritos por Freud, mas desde logo suas interpretações nem sempre coincidiram exatamente com as interpretações do mestre de Viena. Apesar de divergências abertas ou latentes, os anos de colaboração estreita entre Freud e Jung (1907–1912) foram, sem dúvida, muito fecundos para a psicanálise. O desentendimento decisivo, porém, acabou surgindo. Foi provocado pelo conceito de libido, entendida como energia psíquica de uma maneira global, apresentado por Jung em *Metamorfoses e símbolos da libido*. Eis um livro extremamente denso, porém de leitura apaixonante. Seu tema é o comentário psicológico dos poemas e outros escritos de Miss Miller, um caso fronteiriço de esquizofrenia. Mas, em torno deste núcleo, as ideias borbulham num verdadeiro festival de atividade criadora, excedendo de longe o objetivo primeiro. As imagens poéticas de Miss Miller dão lugar a abundantes paralelos mitológicos e ao aprofundamento de suas significações, resultando daí uma tal profusão de dados que o leitor poderá talvez sentir-se como alguém perdido numa espessa floresta. Carregando tantas inovações, *Metamorfoses e símbolos da libido* provocou enorme celeuma e não poucos mal-entendidos. A fim de esclarecer e desenvolver seu conceito de libido, apresentado nesse livro junto a várias outras ideias, Jung escreveu um trabalho à parte denominado *Sobre a energia psíquica*.

A energia psíquica (libido) "é a intensidade do processo psíquico, seu *valor psicológico*". Não se trata de valor em acepção moral, estética ou intelectual. Valor tem aqui o significado de *intensidade*, "que se manifesta por efeitos definidos ou *rendimentos psíquicos*". Energia psíquica é um conceito abstrato de relações de movimento, algo inapreensível, um X, comparável (mas não idêntica) à energia física.

Jung construiu para a psicologia uma interpretação nos moldes da teoria energética das ciências físicas. Fome, sexo, agressividade seriam expressões múltiplas da energia psíquica, tal como calor, luz, eletricidade são manifestações diferentes da energia física. "Do mesmo modo que não ocorreria ao físico moderno derivar todas as forças, por exemplo, somente do calor, também o psicólogo deve preservar-se de englobar todos os instintos no conceito de sexualidade."

Jung concebe o psiquismo (consciente e inconsciente) como um sistema energético relativamente fechado, possuidor de um potencial que permanece o mesmo em quantidade por intermédio de suas múltiplas manifestações durante toda a vida de cada indivíduo. Isso vale dizer que, se a energia psíquica abandona um de seus investimentos, virá reaparecer sob outra forma. No sistema psíquico, a quantidade de energia é constante, varia apenas sua distribuição. "Nenhum valor psíquico pode desaparecer sem que seja substituído por outro." Se um grande interesse por este ou aquele objeto deixa de encontrar nele oportunidade para aplicar-se, a energia que alimentava o interesse tomará outros caminhos: surgirá talvez em manifestações somáticas (palpitações, distúrbios digestivos, erupções cutâneas etc.), virá reativar conteúdos adormecidos no inconsciente, construirá enigmáticos sintomas neuróticos. Esses vários fenômenos serão a expressão de metamorfoses da mesma energia. Resumiremos, para exemplificar, um caso clínico simples, descrito por Jung em *Problèmes de l'âme moderne*. Trata-se de um oficial do Exército suíço, com 27 anos, que sofre de violentas dores na região precordial e no calcanhar esquerdo. Nada foi encontrado, somaticamente, que justifique esses sintomas e o doente não relaciona seu aparecimento com qualquer ocorrência especial. Interrogado sobre seus sonhos, lembra-se de um sonho recente que o impressionou pela estranheza: "Eu ia andando por um campo aberto quando, de repente, pisei numa serpente. A serpente mordeu-me no calcanhar e senti-me como se estivesse envenenado."

Pouco antes de surgirem os sintomas, a namorada desse rapaz ficara noiva de outro. Ele reagiu tomando atitude de jactância. A moça era uma tola e ele arranjaria facilmente dez namoradas mais interessantes. Isso não tinha nenhuma importância. Entretanto, perdido o objeto exterior de investimento, reprimida, a libido vem reaparecer sob a forma de sintomas somáticos. Exprime-se por meio de dores na região cardíaca, o que, aliás, não é nada de extraordinário, pois os poetas de todos os tempos já disseram que as penas de amor fazem doer o coração. No seu recuo, porém, a libido desceu ainda mais profundamente, vindo dar vida à imagem pela qual vários mitos exprimiram certas experiências que o homem teve com a mulher através dos tempos: a mordedura da serpente. O jovem suíço encontrou-se com a serpente que Ísis colocou no caminho do grande deus Rá para morder-lhe o calcanhar; encontrou-se com a serpente bíblica, tão estreitamente associada a Eva; encontrou-se com o princípio sedutor da mulher no seu aspecto perigoso. A libido fez-se imagem simbólica.

Todos os fenômenos psíquicos são de natureza energética. Os *complexos* são nós de energia. Veremos em breve (Capítulo 5) que os *arquétipos* são núcleos de energia em estado virtual e que os *símbolos* são máquinas transformadoras de energia.

Jung vê psique em incessante dinamismo. Correntes de energia cruzam-se continuadamente. Tensões diferentes, polos opostos, correntes em progressão e em regressão entretêm movimentos constantes.

A progressão da libido resulta da necessidade vital de adaptação ao meio. Nos seus esforços para responder às exigências exteriores, a libido espraia-se sobre o mundo. Mas, quando as possibilidades de que dispõe o indivíduo (dentro de suas peculiaridades, dentro de seu tipo psicológico) não são capazes de corresponder a essas exigências ou os obstáculos que se levantam no seu caminho são demasiado fortes, a energia se detém. Acumula-se, fica estagnada e acaba recuando. A marcha retrógrada da libido terá por efeito a reativação de conteúdos do mundo interior. Serão reanimados materiais excluídos do consciente, inibidos no inconsciente, por serem perturbadores dos esforços de adaptação ao mundo exterior ("A inibição é idêntica ao que Freud chama censura"). Desse modo, adquirem elevação de potencial as pulsões sexuais infantis insatisfeitas, as tendências incompatíveis com a atitude moral consciente do indivíduo, com seus julgamentos racionais ou estéticos. Também, segundo frisa Jung, serão alimentados germens de novas possibilidades de vida que ainda não haviam ganhado forças para emergir. Os conteúdos do inconsciente ativados pelo novo afluxo de libido aproximam-se do consciente. O ego poderá então confrontá-los, considerá-los atentamente. A regressão da libido torna-se, assim, uma fase útil no processo de desenvolvimento da personalidade. Desde que os conteúdos do inconsciente sejam confrontados e integrados, dissolvem-se estagnações, removem-se bloqueios e a libido volta a fluir na direção do exterior. Recomeça nova fase de progressão.

Os conceitos de progressão e evolução e de regressão e involução nem sempre se superpõem. "A vida psíquica do ser humano pode também progredir sem evoluir e retrogradar sem involuir. O fluxo contínuo de libido a derramar-se sobre o mundo não significa necessariamente desenvolvimento da personalidade. A regressão, do mesmo modo, não se traduz obrigatoriamente em involução, pois os conteúdos do mundo interior exigem afluxos de libido para diferenciarem-se. Somente quando ocorre persistência da regressão e fixação em formas anteriores de atividade da libido se poderá falar de condição patológica."

Numa visão de conjunto da energética psíquica, Jung postula a existência de dois polos fundamentais que se defrontam. De um lado, estão as forças que alimentam o insaciável apetite dos instintos e, de outro lado, as forças que se opõem às primeiras, que restringem a impetuosidade instintiva. A inter-relação dessas forças antagônicas promove a autorregulação do equilíbrio psíquico.

O combate entre esses dois opostos tem sido vivenciado pelo ser humano em todos os tempos e comumente é designado pela oposição *natureza-espírito*. Espírito não é entendido aqui como algo transcendente. Para Jung, as forças que se opõem à instintividade são tão naturais quanto os próprios instintos e, tanto quanto estes, são poderosas. "Rigorosamente falando, o princípio espiritual não entra em colisão com o *instinto*, mas com a instintividade cega na qual se manifesta predominância injustificada da natureza instintiva em relação ao espiritual. *O espiritual também se apresenta na vida psíquica como um instinto*, mesmo como uma paixão ou, segundo disse Nietzsche, 'como um fogo devorador'. Não se deriva de nenhum outro instinto, mas é um princípio *sui generis*, uma forma específica e necessária da força instintiva."

Do jogo entre tensões opostas, resulta a liberação de relativos excedentes de energia e o natural estabelecimento de declives por onde se escoa essa energia livre. Com efeito, a história da humanidade demonstra que já o ser humano primitivo conseguia dispor de cotas de energia para aplicação utilitária no mundo exterior e para operações transformadoras internas, que se realizavam por intermédio da formação de símbolos religiosos, de rituais e de atos mágicos. Todavia não está no poder do ser humano canalizar os excedentes energéticos para objetos escolhidos racionalmente. A libido mostra-se recalcitrante às ordens da vontade consciente. Os esforços mais obstinados não serão suficientes se não existir, na mesma direção, um declive natural favorável à canalização da energia. "A vida somente flui para diante ao longo de declive adequado."

É por meio de transmutações da energia psíquica, da formação de símbolos novos sucedendo a símbolos caducos, esvaziados da energia que antes os animava, que se processa, na sua essência, o desenvolvimento da psique do ser humano.

Posteriormente, no grande ensaio *A natureza da psique* (1954), Jung irá apresentar outros desenvolvimentos relativos à energética psíquica, decorrentes da surpreendente descoberta de analogias entre fenômenos psíquicos e fenômenos pertencentes ao reino da física atômica moderna.

Leituras

C.G. Jung, *Símbolos da transformação*, Obra Completa Vol. 5.

C.G. Jung, *A energia psíquica*, Obra Completa Vol. 8/1.

C.G. Jung, *A natureza da psique*, Obra Completa Vol. 8/2.
Ensaios de leitura difícil.

Capítulo 4
Tipos psicológicos

Os trabalhos de exploração do inconsciente não fizeram Jung perder o interesse pelas relações do ser humano com o meio exterior. A comunicação entre as pessoas sempre lhe pareceu problema da maior importância. Na vida comum e na clínica, via todos os dias que a presença do *outro* é um desafio constante. O outro não é tão semelhante a nós conforme desejaríamos. Ao contrário, ele nos é exasperantemente dessemelhante. Não é raro ouvir o marido irritado dizer que não entende a esposa e a mãe queixar-se de absolutamente desconhecer a filha. Também nas relações de amizade e de trabalho surgem frequentes desentendimentos, desencontros, que deixam cada personagem perplexa face às reações do *outro*, sem que os separem sensíveis diferenças de idade, de educação ou de situação social.

Jung deteve-se no exame desse problema e apresentou sua contribuição a fim de que nos possamos orientar melhor dentro dos quadros de referência do outro. Modesto como sempre, escreveu: "não creio de modo algum que minha classificação dos tipos seja a única verdadeira ou a única possível".

Distinguiu inicialmente aqueles que partem rápidos e confiantes ao encontro do objeto daqueles que hesitam, recuam, como se o contato com o objeto lhes infundisse receio ou fosse uma tarefa demasiado pesada. À primeira forma de atitude denominou extroversão e à segunda, introversão. Estes termos que se popularizaram, que todo mundo repete aplicando-os bem ou mal, foram criados e introduzidos em psicologia por Jung. O conceito de extroversão e de introversão baseia-se na maneira como se processa o movimento da libido (energia psíquica) em relação ao objeto. Na extroversão, a libido flui sem embaraços ao encontro do objeto. Na introversão, a libido recua diante do objeto, pois este parece ter sempre em si algo de ameaçador que afeta intensamente o indivíduo. Mas, em movimento de compensação, uma corrente energética inconsciente retrocede para o sujeito na extroversão e, na introversão, um fluxo de energia inconsciente está constantemente emprestando energia ao objeto. Portanto, vista em seu conjunto, verifica-se na circulação da libido um movimento inconsciente de introversão naqueles cuja personalidade consciente é extrovertida, e um movimento inconsciente de extroversão naqueles cuja personalidade consciente é introvertida. Extroversão e introversão são ambas atitudes normais. Claro que a introversão em grau exagerado tornar-se-á patológica, do mesmo modo que a extroversão excessiva será também característica de estado mórbido.

*

Não só a pessoa comum pode ser enquadrada numa dessas duas atitudes típicas. Igualmente os filósofos, por intermédio de suas concepções do mundo, revelam seus tipos psicológicos, bem como os artistas, por meio de suas interpretações da vida. Quando Sartre diz que a existência do outro o atinge em pleno coração, que sua presença lhe traz uma sensação de mal-estar, que por causa do outro sente-se perpetuamente em perigo, define uma atitude de introversão. Já na pintura de Matisse acontece o contrário. O objeto é glorificado. Ele o retira da atmosfera que o envolve para dar-lhe marcados contornos e colorido intenso. Uma feliz e confiante relação estabelece-se entre o ser humano e o mundo. Naturalmente os psicólogos não escapam à condição humana e funcionam eles próprios, tão curiosos da alma alheia, dentro de suas peculiares equações pessoais. Jung estudou-os com particular atenção, pois intrigava-o que os mesmos fenômenos psíquicos fossem vistos e compreendidos tão diferentemente por cientistas, cada um de seu lado honestamente convencido de haver descoberto a verdade única. Exemplo de escolha é o caso Freud-Adler. Freud valoriza sobretudo o objeto. O ser humano é um feixe de pulsões em busca de objetos amoráveis, e sua meta, não fosse a repressão imposta pela sociedade, seria a expansão livre dos instintos até a obtenção dos objetos desejados, os quais são fontes de prazer em si mesmos, por suas qualidades específicas. Muito diversa é a relação do ser humano com o objeto segundo Adler. Antes de tudo, ele busca segurança pessoal e afirmação de sua vontade de poder. A ênfase recai aqui sobre o sujeito. Quando se sente inferiorizado, o ser humano adleriano "protesta". Seu esforço dirigir-se-á no sentido de quebrar os laços com objetos que o cerceiam opressivamente a fim de conseguir sobre estes a supremacia anelada.

Na opinião de Jung, as duas concepções são válidas. Apenas são unilaterais. A vontade de poder não exclui Eros e vice-versa. Acontece é que cada psicólogo vê a vida psíquica através de seu próprio tipo psicológico. Freud, na qualidade de extrovertido, dando prevalência ao objeto; Adler, como introvertido, valorizando sobretudo o sujeito. "A filosofia crítica ajudou-me a discernir o caráter subjetivo de profissão de fé de toda psicologia – e igualmente da minha", disse Jung.

Cedo, Jung deu-se conta de que dentro de cada uma das duas atitudes típicas havia muitas variações. Um introvertido podia diferir enormemente de outro, embora ambos reagissem de modo análogo face aos objetos. *Idem* no interior do grupo dos extrovertidos. O que ocorria então? Como bom empirista, Jung foi acumulando observações até concluir que essas diferenças dependiam da função psíquica que o indivíduo usava preferentemente para adaptar-se ao mundo exterior.

São quatro essas funções de adaptação, espécie de quatro pontos cardeais que a consciência usa para fazer o reconhecimento do mundo exterior e orientar-se: sensação, pensamento, sentimento e intuição.

A *sensação* constata a presença das coisas que nos cercam e é responsável pela adaptação do indivíduo à realidade objetiva. O *pensamento* esclarece o que significam os objetos. Julga, classifica, discrimina uma coisa da outra. O *sentimento* faz a estimativa dos objetos. Decide do valor que têm para nós. Estabelece julgamentos como o pensamento, mas a sua lógica é toda diferente. É a lógica do coração. A *intuição* é uma percepção via inconsciente. É apreensão da atmosfera onde se movem os objetos, de onde vêm e qual o possível curso de seu desenvolvimento.

Todos possuímos as quatro funções, entretanto sempre uma dentre elas se apresenta mais desenvolvida e mais consciente que as três outras. Daí ser chamada *função principal.*

Cada indivíduo utiliza de preferência sua função principal, pois manejando-a consegue melhores resultados na luta pela existência. O leão ataca com as garras e o crocodilo abate sua presa com a cauda, exemplifica Jung. Uma segunda função serve de auxiliar à principal, possuindo grau de diferenciação maior ou menor. A terceira quase sempre não vai além de um desenvolvimento rudimentar e a quarta permanece, de ordinário, num estado mais ou menos inconsciente. Por esse motivo é denominada *função inferior.*

O ótimo seria que as quatro funções se exercessem em proporções iguais a fim de conhecermos satisfatoriamente os objetos sob seus quatro aspectos, e também porque assim haveria distribuição equivalente da carga energética necessária à atividade de cada função. Isso, porém, raramente acontece. Na grande maioria das pessoas uma única dessas funções desenvolve-se e diferencia-se, roubando energia às outras. Jung chega a admitir que a atividade dessas funções, quando se realiza em graus muito desiguais, possa causar perturbações neuróticas. Se uma função não é empregada, diz ele, há o perigo de que escape de todo ao manejo consciente, tornando-se autônoma e mergulhando no inconsciente, onde vai provocar ativação anormal. Isso diz respeito especialmente à quarta função ou função inferior. De outra parte, justo por sua ligação profunda com o inconsciente, a função inferior poderá ser utilizada terapeuticamente como uma ponte de união entre consciente e inconsciente e assim vir representar um meio para restaurar conexões de vital importância no organismo psíquico. A terapêutica ocupacional tem aí um rico filão a explorar.

Essas funções dispõem-se duas a duas, em oposição. É fácil compreender que, se a intuição é a função principal, necessariamente a sensação será a função inferior. Desde que o intuitivo apreende as coisas no seu conjunto e aquilo que o atrai é o clima onde elas se movem para seus destinos ainda incertos e obscuros, certamente ele não será perito no exame detalhado dos objetos nem saberá encontrar para si firmes posições de relacionamento no mundo real, com suas exigências concretas e imediatas. O contrário acontece quando a sensação é a função mais desenvolvida.

Entre o pensamento e o sentimento ocorre incompatibilidade semelhante. O pensamento trabalha para conhecer as coisas, sem maior interesse pelo seu valor afetivo, valor que decerto viria interferir em julgamentos que pretendem ser neutros. O sentimento faz, antes de tudo, a estimativa do objeto, julga do seu valor intrínseco. Portanto são funções que se excluem, não podendo ocupar, ao mesmo tempo, o mesmo plano. Se o pensamento for a função principal, o sentimento será a inferior, e reciprocamente.

Sendo a função principal de cada indivíduo a arma mais eficiente de que este dispõe para sua orientação e adaptação no mundo exterior, ela se torna o seu *habitus reacional*. É esta função, pois, que vem dar a marca característica aos tipos psicológicos. Desde que as quatro funções podem ser extrovertidas ou introvertidas, resultam oito tipos psicológicos: pensamento extrovertido, sentimento extrovertido, sensação extrovertida, intuição extrovertida; pensamento introvertido, sentimento introvertido, sensação introvertida, intuição introvertida.

Comecemos pela descrição dos quatro tipos extrovertidos.

Tipo pensamento extrovertido

A personalidade consciente é extrovertida e o pensamento, função principal, está dirigido para o exterior. Sua atitude tende constantemente a estabelecer ordem lógica, clara, entre coisas concretas. O raciocínio abstrato não atrai o tipo pensamento extrovertido. Ele poderá bater-se com entusiasmo pela liberdade, mas, acossado por alguém que lhe peça para dizer o que entende por "liberdade", não se interessará por definir-lhe o conceito. Este tipo gosta de fazer prevalecer seus pontos de vista, que coordena de maneira rígida e impessoal, tornando-se muitas vezes autoritário, principalmente no círculo de sua família. Sua conduta é pautada segundo regras rigorosas, dentro de seus princípios, os quais ele aplica também aos outros, sem fazer a estimativa de nuanças pessoais.

Os representantes deste tipo que mais se destacam são hábeis políticos, empresários, advogados brilhantes, que, rápido, encontram os fatos básicos das situações que têm em mãos, excelentes organizadores de serviços científicos, de firmas comerciais ou de setores burocráticos.

O ponto fraco deste tipo é o sentimento (função inferior). Embora capaz de afeições profundas, tem grande dificuldade em expressá-las. Por isso é sempre mais apreciado no seu meio profissional e social que entre os membros da própria família. A esposa e os filhos de um tipo pensamento extrovertido não se acreditam amados tanto quanto o são na realidade, pois ele nunca sabe encontrar maneiras adequadas de exprimir seus íntimos sentimentos. De outra parte, não são raras súbitas e violentas explosões de afeto que até poderão atingir graus perigosamente destrutivos. Esses fenômenos são decorrentes de uma função sentimento indiferenciada e inconsciente.

Tipo sentimento extrovertido

Este tipo mantém adequada relação com os objetos exteriores, vivendo nos melhores termos com o seu mundo. É acolhedor e afável. Irradia calor comunicativo que torna o indivíduo deste tipo o centro de amigos numerosos. Mas ele sabe fazer a correta estimativa desses amigos, facilmente pesa suas qualidades positivas e negativas, e assim não forma ilusões sobre as pessoas com quem convive. Esta capacidade de segura avaliação afetiva poupa-o das decepções que são as habituais agruras do tipo pensamento extrovertido, nem lhe acontece, como àquele, ser subitamente submerso por explosões de sentimentos. Permanece, em geral, fiel aos valores que lhe foram inculcados desde a infância. As manifestações de sua afetuosidade são exuberantes e não raro parecem excessivas aos olhos de outros tipos.

Quando o tipo sentimento extrovertido entrega-se à vida pública, pode tornar-se um grande líder, fascinado pelo apelo emocional de sua personalidade mais que pela originalidade de seu pensamento. Nos círculos íntimos, são os mais agradáveis amigos e amigas, pois pode-se dizer que foi este tipo que inventou a *arte da amizade*.

Seu calcanhar de aquiles é o pensamento, sobretudo o raciocínio abstrato. A matemática, a reflexão filosófica são áreas onde este tipo não se move à vontade. Prefere a medicina, as ciências diretamente ligadas ao ser humano, a poesia lírica, a música romântica, enfim as coisas que o toquem na esfera afetiva.

Essa pessoa tão transbordante de calor humano surpreende muitas vezes seus íntimos quando formula julgamentos críticos extremamente duros e frios, com o caráter de sanções definitivas. Se o controle da função superior falha (desgaste, cansaço, doença), os pensamentos negativos emergem. E, por serem produzidos pela função inferior de um extrovertido, têm as marcas da introversão, voltando-se principalmente contra o próprio indivíduo, que se vê, sem motivos objetivos, destituído de todo valor, incapaz para quaisquer realizações.

Entenda-se que não se trata aqui de inferioridade da função pensamento num sentido quantitativo, mas de uma função que não foi afiada pelo uso, que não se diferenciou suficientemente.

Tipo sensação extrovertida

O tipo sensação extrovertida compraz-se na apreciação sensorial das coisas. Se vai a uma reunião social, saberá descrever como estavam vestidas as pessoas e imediatamente reconhecerá a qualidade dos móveis, dos tapetes. Ele parece segurar os objetos entre o eixo de seus olhos como entre as hastes de uma pinça, diz Jung. Ama os prazeres da mesa, o conforto das habitações. Relaciona-se de modo concreto e prático com os objetos exteriores. Adapta-se facilmente às circunstâncias, possuindo seguro sentido da realidade.

Pertencem a este tipo aqueles de quem se diz correntemente que "sabem viver". Contam-se entre seus expoentes engenheiros, mecânicos, mestres na profissão, industriais e comerciantes que alcançam grandes êxitos em seus campos.

O tipo sensação extrovertida repele as questões teóricas de caráter geral. O importante para ele é a descrição minuciosa, exata, dos objetos. Procura sempre explicar os fenômenos pela sua redução a causas objetivas já bem estabelecidas. As hipóteses de interpretações, no domínio científico, parecem-lhe sempre fantasiosas. E a atenção às manifestações da vida subjetiva se lhe afigura sintoma de doença ou, pelo menos, coisa inútil.

É eficiente e prático, mas, como a intuição é a sua função inferior, acontece frequentemente que não percebe o desdobramento de possibilidades novas. Isso tem sido o motivo do fracasso surpreendente de muito industrial ou comerciante hábil. A intuição pouco desenvolvida não somente falha, mas também muitas vezes segue pistas erradas ou apreende de preferência as possibilidades negativas dos objetos. Sendo a função inferior de um extrovertido, será necessariamente introvertida e por isso elabora de preferência premonições sobre doenças e infortúnios que possam cair sobre o indivíduo. Este quadro apresenta-se quando, por exemplo, o tipo sensação extrovertida embriaga-se, tem uma astenia gripal ou se sente demasiado fatigado. Então revela seu *outro lado*. A intuição inferior, devido ao seu caráter arcaico e pouco diferenciado, compraz-se também em ideias místicas de baixo nível, histórias extravagantes de fantasmas, superstições. O observador desprevenido muito se espanta ao descobrir este aspecto justamente nos seus amigos mais realistas.

Tipo intuição extrovertida

Este tipo está sempre farejando novas possibilidades, coisas que ainda não assumiram formas definidas no mundo real. Sabe antes de todos os outros quais as mercadorias que serão mais vendáveis no próximo ano, quais as indústrias que terão melhores perspectivas de prosperar, ou pressente o rumo futuro dos acontecimentos políticos. No campo da ciência está sempre interessado pelas aquisições mais inovadoras e no campo da arte descobre o pintor, hoje desconhecido, que será aceito como um gênio daqui a trinta anos. Empreende várias iniciativas ao mesmo tempo, pois como deixará de agarrar probabilidades tão vantajosas que por assim dizer oferecem-se a ele, enquanto os outros ao redor nem sequer as percebem? Se facilmente dá início a atividades novas, também do mesmo modo as abandona a meio caminho para começar outra coisa que de repente o fascinou. Não lhe agradam as situações estáveis, dentro das quais se sente como um prisioneiro. Sua função principal arrasta-o para a frente e, se não der atenção à função do real (sensação), que é o seu ponto fraco, outros colherão o que ele semeou. Acresce que, sendo este tipo extrovertido, sua função inferior, a sensação, é introvertida e, como tal, tende a recuar do mundo exterior e seus problemas. Está ainda aderida ao inconsciente. Por isso, quando circunstâncias especiais lhe permitem entrar em cena, fará o indivíduo subitamente descobrir nas coisas que o cercam aspectos não pragmáticos que o deslumbram e o emocionam fora das medidas comuns.

Passemos à descrição dos quatro tipos introvertidos.

Tipo pensamento introvertido

O tipo pensamento introvertido considera as ideias gerais aquilo que há de mais importante.

Quando aborda um problema procura, antes de tudo, situar ideias e pontos de vista que lhe permitam uma visão panorâmica dos temas a estudar. Ideias gerais mal digeridas, mal diferenciadas, confundidas umas nas outras põem os indivíduos deste tipo irritadíssimos contra quem as apresenta em tal estado. Ao contrário do pensador extrovertido, que se contenta em pôr ordem lógica entre ideias já existentes, o pensador introvertido interessa-se principalmente pela produção de ideias novas ou pela busca de originais e audaciosos jogos do espírito. Valoriza os dados empíricos secundariamente apenas para documentar suas teorias, e não porque lhes atribua interesse próprio. Os matemáticos teóricos, os filósofos criadores de concepções do mundo, aqueles que se deleitam nas especulações filosóficas ou científicas são os mais altos expoentes deste tipo psicológico.

Seus sentimentos são fortes e genuínos e manifestam-se de modo primitivo, poder-se-á mesmo dizer selvagem, pois emanam da função inferior, que é caracteristicamente indiferenciada. Marie-Louise von Franz compara a expressão de afetos do tipo pensamento introvertido aos jatos de lava de um vulcão. Poderá ferir e destruir, mas sem intenção malévola, como uma força da natureza. O sentimento inferior do tipo pensamento introvertido é semelhante, na sua indiferenciação, ao do tipo pensamento extrovertido, todavia com uma diferença fundamental: é extrovertido, isto é, dirige-se ao objeto e manifesta-se em toda a sua pujança, enquanto no outro caso os sentimentos não encontram formas de expressão. Na sua vida afetiva este tipo diz sim ou não, ama ou odeia. É por esse motivo que costuma julgar aqueles que têm o sentimento como função superior algo calculistas nas suas amizades, capazes de tolerar certas pessoas movidas por interesses espúrios. A crítica não é justa. A função sentimento, sendo bem diferenciada, consegue discernir nuanças, discriminar qualidades positivas em meio às qualidades negativas e assim aceitar criaturas que os tipos pensamento extrovertido eliminam abruptamente.

Tipo sentimento introvertido

As pessoas deste tipo apresentam-se calmas, retraídas, silenciosas. São pouco abordáveis e difíceis de compreender porque, sendo dirigidas por forças subjetivas, suas verdadeiras intenções permanecem ocultas. Daí algo de enigmático envolvê-las. Seus sentimentos são finamente diferenciados, mas não se exprimem externamente. Desdobram-se em profundidade. São secretos e intensos. As relações com o objeto são mantidas dentro de limites bem medidos, toda manifestação emocional exuberante lhes desagradando e provocando, de sua parte, reações de repulsa. Vistos do exterior parecem frios e indiferentes, quando na realidade ocultam, muitas vezes, grandes paixões. Desde que os objetos são conservados a distância e os indivíduos deste tipo esquivam-se a participações emocionais, as correntes afetivas introvertidas poderão vir animar, no inconsciente, representações arquetípicas, ideais religiosos ou humanitários, aos quais podem vir a aderir devotada e apaixonadamente ao ponto extremo de sacrifícios heroicos.

Seus afetos não se desenvolvem sempre na escala do amor e do devotamento, mas também na do ódio e da crueldade, onde poderão atingir requintes também decorrentes da alta diferenciação da função superior. Até as duas escalas às vezes coexistem. A mesma mulher será, para o filho, mãe amantíssima e, para o enteado, madrasta implacável.

O pensamento deste tipo psicológico (sua função inferior) é extrovertido. Isso explica por que dentro de sua reserva e de seu silêncio toma vivo interesse por múltiplos fatos em curso no mundo exterior. Lê e reúne informações sobre os assuntos mais variados. Entretanto, se pretende tirar deduções do material de que dispõe, seu pensamento pouco diferenciado não é suficientemente plástico para elaborações de ordem teórica. As construções intelectuais resultam pobres e toscas. Pode-se assinalar mesmo uma certa monomania: a tendência a explicar todas as coisas por meio de um único pensamento diretor. É frequente que se preocupe com o que pensam os outros e lhes atribua, pela projeção de pensamentos negativos, julgamentos críticos, rivalidades, intrigas.

Tipo sensação introvertida

Este tipo é extremamente sensível às impressões provenientes dos objetos. Fixa-os em todos os detalhes, como se possuísse internamente uma placa fotográfica. Essas impressões o atingem de maneira profunda, mas não transparecem em reações que deem a medida da repercussão que as qualidades sensoriais dos objetos determinaram. Enquanto o tipo sensação extrovertida age sempre em perfeita sintonia com a realidade, dentro do *aqui-e-agora*, o tipo sensação introvertida surpreenderá de súbito por um comportamento que corresponde à intensidade das experiências internas nele suscitadas pelo objeto, e não pelo valor que no mundo real seja de ordinário atribuído a esse objeto. Não havendo relação racionalmente proporcional entre o objeto e a intensidade das sensações que possa provocar, resultarão comportamentos imprevisíveis e fora das medidas comuns. O colecionador de objetos de arte, por exemplo, atingido pelas qualidades estéticas de um vaso de cristal, o adquirirá para seu prazer por um preço que outros tipos classificariam de absurdo.

Pertencem a este tipo os indivíduos que põem o prazer estético acima de tudo, que com uma requintada sutileza apreciam formas, cores, perfumes. Nas relações amorosas vivem intensamente o aspecto sensual, sem que lhes seja necessária a presença de verdadeiros sentimentos afetivos. Preocupam-se muito com o próprio corpo. Seu afinamento sensorial não é apurado apenas para as sensações provenientes do exterior, mas também para as sensações internas, o que os torna capazes de detectar mínimas reações do próprio organismo.

A função inferior (intuição) deste tipo é similar àquela do tipo sensação extrovertida. Mas aqui esta intuição primária dirige-se para o mundo exterior, enquanto no tipo extrovertido ela se aplica ao indivíduo e seus problemas pessoais, pois sempre a função inferior move-se em contracorrente com relação à função superior.

É um encontro difícil o da intuição inferior com a sensação superior. Quando um *flash* de luz, uma fantasia arquetípica concernente a acontecimentos futuros, irrompe no campo da consciência, os tipos sensação sofrem vertigens. Essas percepções de ideias ou de imagens em movimento teriam de ser assimiladas justo pela função especialmente apta para trabalhar com dados reais, estáveis e presentes, o que se torna, de fato, uma contradição perturbadora.

Tipo intuição introvertida

Este tipo é sensível à atmosfera dos lugares e às possibilidades novas que as coisas possam oferecer, mas não se sente propenso a seguir as pistas que seu faro, de passagem, apreende no mundo real. O exterior interessa-o muito secundariamente, pois sua função principal está voltada para o interior. As múltiplas solicitações da realidade externa, quando excessivas, chegam a ser vivenciadas por este tipo como algo torturante.

A característica essencial deste tipo é sua aptidão para apreender o encaminhamento dos processos que se desdobram nas profundezas do inconsciente coletivo, as transformações, as elaborações de seus conteúdos em diálogo com as condições do tempo e da história. É assim que entre os representantes mais puros deste tipo encontram-se, num nível primitivo, o feiticeiro que guia os destinos de sua tribo; os profetas, nas religiões altamente espiritualizadas, e os artistas visionários, que são os únicos profetas aceitos em nossa época.

Pelo fato de a função do real ser a sua função inferior, este tipo não consegue executar seus numerosos projetos. Cansa-se facilmente e aborrece-se de coisas que já se lhe afiguram óbvias enquanto sua tradução em termos da realidade realiza-se com uma lentidão que lhe é dura de tolerar.

Para este tipo psicológico os acontecimentos exteriores permanecem um tanto nebulosos devido a sua incapacidade de registrar rapidamente aquilo que ocorre diante de seus olhos e de fixar seus detalhes precisos. Assim, será a pessoa menos apta para prestar testemunhos. Sem a intenção consciente de mentir, poderá contar histórias fabulosas, levado pela própria fantasia, cujo prazer é precisamente distanciar-se da realidade cotidiana.

O constante desejo de pôr-se a salvo das engrenagens do mundo real, experimentadas pelo intuitivo introvertido como um envolvimento opressivo, representa duplo perigo. O primeiro seria a perda de contato com a realidade, que o desgarraria da vida normal; o segundo decorreria da condição aparentemente insólita de que é na crista da tensão entre as duas funções opostas que se acende sua chama criadora. Quando não há exercício da função do real, as intuições dispersam-se em divagações inconsistentes. A experiência demonstra que, se um mecenas põe o místico ou o artista visionário ao completo abrigo da luta pela vida, sua função superior decai e sua atividade criadora estanca.

Um belo exemplo do tipo intuição introvertida é Spinoza. Ele erigiu a intuição no mais perfeito gênero de conhecimento, o único, no seu conceito, capaz de penetrar na essência das coisas. A seguir é que o pensamento, sua função auxiliar, estruturava em rígidas formas geométricas as ideias apreendidas intuitivamente.

Mas sabemos que Spinoza trabalhava com as mãos, polindo lentes de modo esmerado. Aceitou a ajuda de amigos ricos, porém fez sempre questão de reservar para seu esforço pessoal a complementação do necessário à própria subsistência. Esse comportamento do filósofo é relatado de ordinário como coisa secundária, quase à margem da sua biografia. Entretanto o trabalho manual como ajuda para ganhar o pão será talvez um dos segredos que contribuíram para aquele homem "ébrio de Deus", criador de uma filosofia extraordinariamente antecipadora, possuir um equilíbrio psíquico perfeito e ter realizado de sua vida e de sua obra uma harmoniosa totalidade.

O conhecimento da vida e da obra de Jung, a valorização que ele dá aos fatores subjetivos, permitem situá-lo do lado dos introvertidos. Mas, sendo um homem extraordinariamente bem centrado em si mesmo, punha em atividade suas quatro funções. Não era um sábio de gabinete. Não desdenhava a vida real. Sabia usar as mãos: lavrava a terra, rachava lenha, cozinhava, esculpia a pedra. Introduziu a dimensão do sentimento na sua obra científica, dando a importância devida à tonalidade afetiva que impregna toda experiência vivida de verdade. E seu pensamento era decerto poderoso. Mas a leitura atenta de seus livros permite discernir que sua função principal era a intuição. Parece que em visões de longo alcance ele apreendia o sentido dos processos psíquicos de maneira imediata para depois passar todo o material assim colhido pelos crivos do pensamento, trabalhando-o refletidamente e documentando-o exaustivamente.

Apesar de sua extraordinária capacidade de compreensão, talvez Jung, no fim da vida, devido às suas próprias características de intuitivo, não pudesse ter escapado inteiramente a um melancólico sentimento de cansaço quando media a arrastada lentidão com que suas descobertas vinham sendo assimiladas e quanto eram ainda mal-apreendidas as largas perspectivas que ele abrira para o futuro.

Leituras

Tipos psicológicos, Obra Completa Vol. 6. No Capítulo X desse livro, "Descrição geral dos tipos", acham-se reunidos os dados fundamentais de toda a obra e descrição detalhada dos oito tipos da classificação junguiana. O leitor poderá começar por esse capítulo para ler depois os outros, salteadamente, segundo seus interesses. Em todos, Jung, fiel ao seu método de trabalho, apresenta enorme documentação confirmadora de suas ideias, coligida em vários campos da cultura. É muito possível que o problema dos tipos psicológicos se afigure fastidioso devido às discussões escolásticas intermináveis entre os nominalistas e os realistas (Capítulo I, "O problema dos tipos na história do pensamento antigo e medieval"), mas decerto o leitor apreciará, por exemplo, o Capítulo III, "O apolíneo e o dionisíaco", onde irá encontrar a interpretação psicológica da oposição entre o espírito apolíneo e o espírito dionisíaco posta em foco por Nietzsche na arte grega, ou o Capítulo VII, "O problema das atitudes típicas na estética", que trata das atitudes típicas na estética, tais como foram vistas por W. Worringer na monografia "Abstração e natureza", ponto de partida dos críticos da arte moderna H. Read e M. Brion para a compreensão do antagonismo entre figurativos e abstratos.

O livro contém ainda um glossário que explica os conceitos correspondentes a 58 termos psicológicos. Esse pequeno *dicionário* será sempre consultado com proveito por todo estudioso da obra de Jung. Bons resumos do tema dos tipos psicológicos podem ser encontrados em outros livros de Jung:

Collected Works 7, pp. 40–62.
Problèmes de l'âme moderne, pp. 195–216.
L'Homme et ses symboles, pp. 58–66.

Capítulo 5

Estrutura da psique, inconsciente coletivo

Pode-se representar a psique como um vasto oceano (inconsciente) no qual emerge pequena ilha consciente.

Consciente. Na área do consciente desenrolam-se as relações entre conteúdos psíquicos e o ego, que é o centro do consciente. Para que qualquer conteúdo psíquico torne-se consciente terá necessariamente de relacionar-se com o ego. Os conteúdos, os processos psíquicos que não entretêm relações com o ego constituem o domínio imenso do inconsciente. Jung define o ego como um complexo de elementos numerosos, formando, porém, unidade bastante coesa para transmitir impressão de continuidade e de identidade consigo mesma. Dada sua composição feita de múltiplos elementos, Jung usa frequentemente a expressão *complexo do ego*, em vez de ego, simplesmente. "A luz da consciência tem muitos graus de brilho e o complexo do ego muitas gradações de força."

Inconsciente. O inconsciente, na psicologia junguiana, compreende inconsciente pessoal e *inconsciente coletivo*.

Inconsciente pessoal

Esta denominação refere-se às camadas mais superficiais do inconsciente, cujas fronteiras com o consciente são bastante imprecisas. Aí estão incluídas as percepções e impressões subliminares dotadas de carga energética insuficiente para atingir o consciente; combinações de ideias ainda demasiado fracas e indiferenciadas; traços de acontecimentos ocorridos durante o curso da vida e perdidos pela memória consciente; recordações penosas de serem relembradas; e, sobretudo, *grupos de representações carregados de forte potencial afetivo, incompatíveis com a atitude consciente* (complexos). Acrescente-se a soma das qualidades que nos são inerentes, porém que nos desagradam e que ocultamos de nós próprios, nosso lado negativo, escuro.

Esses diversos elementos, embora não estejam em conexão com o ego, nem por isso deixam de ter atuação e de influenciar os processos conscientes, podendo provocar distúrbios tanto de natureza psíquica quanto de natureza somática.

Inconsciente coletivo

Corresponde às camadas mais profundas do inconsciente, aos fundamentos estruturais da psique comuns a todas as pessoas.

"Do mesmo modo que o corpo humano apresenta uma anatomia comum, sempre a mesma, apesar de todas as diferenças raciais, assim também a psique possui um substrato comum. Chamei a este substrato inconsciente coletivo. Na qualidade de herança comum transcende todas as diferenças de cultura e de atitudes conscientes, e não consiste meramente em conteúdos capazes de se tornarem conscientes, mas em disposições latentes para reações idênticas. Assim o inconsciente coletivo é simplesmente a expressão psíquica da identidade da estrutura cerebral, independente de todas as diferenças raciais. Deste modo, pode ser explicada a analogia, que vai mesmo até a identidade, entre vários temas míticos e símbolos, e a possibilidade de compreensão entre os seres humanos em geral. As múltiplas linhas de desenvolvimento psíquico partem de um tronco comum cujas raízes se perdem muito longe num passado remoto."

Estamos aqui bastante longe do conceito de inconsciente segundo Freud: "um caos ou uma caldeira cheia de pulsões em ebulição". No âmago do inconsciente coletivo, Jung descobriu um centro ordenador – *o self* (si mesmo). Desse centro emana inesgotável fonte de energia. Seu papel é importantíssimo na psicologia junguiana, segundo veremos daqui por diante.

Em determinadas circunstâncias esse centro corresponde ao superego da psicologia freudiana. Quando a renúncia aos desejos egoístas ocorre por temor da opinião pública e dos códigos, conforme acontece ordinariamente, isso significa que o *self* permanece inconsciente e, nesta condição, projeta-se no exterior, identificando-se à consciência moral coletiva. Neste caso, *self* e superego coincidem. Mas, desde que o *self* se torne perceptível como fator psíquico determinante, então a renúncia às exigências egoístas não será mais motivada pela pressão da moral coletiva, porém pelas próprias leis internas inerentes, de modo inato, ao *self.* Em tais circunstâncias, esta instância psíquica deixa de coincidir com o superego.

Apresenta-se naturalmente a pergunta: como foi que Jung chegou à formulação da hipótese do inconsciente coletivo, isto é, da existência de um substrato psíquico comum a todos os seres humanos?

Nas suas experiências sobre as associações de ideias, que o levaram, conforme vimos no segundo capítulo, à descoberta dos complexos, ele se familiarizara intimamente com o material reprimido das vivências pessoais. Trabalhara com normais, neuróticos e psicóticos. Segredos que envenenavam vidas tinham vindo à luz, ocultos mecanismos de sintomas haviam sido descobertos. Mas, às vezes, apresentavam-se problemas que pareciam insolúveis, sobretudo nas pesquisas com psicóticos. Jung estava convencido de que os sintomas da loucura, ainda os mais extravagantes, encerravam significações tanto quanto os atos falhos, os sonhos ou as manifestações neuróticas. E muitas dessas significações ele já desvendara trabalhando com uma paciência infinita. Entretanto havia delírios, havia alucinações que o deixavam às cegas. Não encontrava suas raízes nos complexos que o método associativo apreendia nem na observação clínica. De onde viriam? Por mais que os estudasse, com os recursos de que dispunha, não achava o fio de suas significações. Não obstante registrava cuidadosamente ideias delirantes, alucinações e gestos, por mais absurdos que fossem, dos loucos internados no Hospital Burghölzli, Zurique, onde era chefe de clínica. Nas suas notas, correspondentes ao ano de 1906, fora consignado o encontro, nos corredores daquele hospital, com um esquizofrênico paranoide que, tentando olhar o sol, piscava as pálpebras e movia a cabeça de um lado para o outro. "Ele me tomou pelo braço dizendo que queria me mostrar uma coisa: se eu movesse a cabeça de um lado para o outro, o pênis do sol mover-se-ia também, e esse movimento era a origem do vento." Quatro anos mais tarde, lendo a recente publicação de manuscritos gregos referentes a visões de adeptos de Mitra, Jung deparou com a seguinte descrição: "E também será visto o chamado tubo, origem do vento predominante. Ver-se-á no disco do sol algo parecido a um tubo, suspenso. E na direção das regiões do Ocidente é como se soprasse um vento de leste infinito. Mas se outro vento prevalecer na direção das regiões do Oriente, ver-se-á da mesma maneira o tubo voltar-se para aquela direção."

Esse achado revelador ocorreu no curso de 1910, quando Jung entregava-se apaixonadamente a estudos de arqueologia e de mitologia. Em suas *Memórias*, conta por que naquela época ficou empolgado por esses assuntos. O motivo foi um sonho. Eis o sonho. Ele se acha numa casa desconhecida que, não obstante, era sua. Uma casa de dois andares. Inicialmente, encontra-se no andar superior, num salão ornado de belos quadros e provido de móveis de estilo século XVIII. Descendo as escadas, chega ao pavimento térreo, onde o mobiliário é medieval e o piso de tijolos vermelhos. Percorre várias peças, explorando a casa até deter-se diante de uma pesada porta. Abre-a e vê degraus de pedra que conduzem à adega. Desce e encontra-se num amplo salão abobadado de aspecto muito antigo. Suas paredes são construídas à maneira dos romanos e o piso é formado por lajes de pedra. Por entre essas pedras, descobre uma argola. Puxando-a, desloca-se uma laje, deixando aparecer estreita uma escada. Descendo ainda, vê-se numa caverna talhada na rocha. Espessa camada de poeira cobre o solo e de permeio, entre fragmentos de cerâmica, descobre ossos espalhados e dois crânios humanos.

Para Jung, os sonhos são autodescrições da vida psíquica. Sendo assim, interpretou esse sonho vendo na casa a imagem de sua própria psique. O consciente estava figurado pelo salão do primeiro andar, cujo mobiliário apresentava-se bem de acordo com a formação cultural do sonhador (filosofias do século XVIII e do século XIX); e o pavimento térreo correspondia às camadas mais superficiais do inconsciente. Quanto mais descia mais se aprofundava em mundos antigos, até chegar a uma espécie de caverna pré-histórica.

Seria então possível que cada indivíduo trouxesse consigo um lastro psíquico onde estivessem gravados vestígios da história da humanidade em marcas indeléveis?

E havia o caso impressionante de as alucinações daquele pobre doente terem tanta analogia com as visões dos adeptos da religião de Mitra.

Assim, da convergência de dados empíricos obtidos na observação clínica com dados provenientes de sua própria experiência interna, originou-se a concepção do inconsciente coletivo de Jung.

O inconsciente coletivo funciona, na interpretação psicológica, como o denominador comum que reúne e explica numerosos fatos impossíveis de entender, no momento atual da ciência, sem sua postulação.

Enquanto o inconsciente pessoal é composto de conteúdos cuja existência decorre de experiências individuais, os conteúdos que constituem o inconsciente coletivo são impessoais, comuns a todas as pessoas e transmitem-se por hereditariedade.

Arquétipos

Muita confusão tem sido feita em torno do conceito de arquétipo. Há ainda quem continue repetindo que Jung admite a existência de ideias e de imagens inatas. É falso.

Incansavelmente ele repete que arquétipos são possibilidades herdadas para representar imagens similares, são formas instintivas de imaginar. São matrizes arcaicas onde configurações análogas ou semelhantes tomam forma. Jung compara o arquétipo ao sistema axial dos cristais, que determina a estrutura cristalina na solução saturada, sem possuir, contudo, existência própria.

Como se originariam os arquétipos?

Resultariam do depósito das impressões superpostas deixadas por certas vivências fundamentais, comuns a todos os seres humanos, repetidas incontavelmente através de milênios. Vivências típicas, tais como as emoções e fantasias suscitadas por fenômenos da natureza, pelas experiências com a mãe, pelos encontros do homem com a mulher e da mulher com o homem, vivências de situações difíceis como a travessia de mares e de grandes rios, a transposição de montanhas etc.

Seriam disposições inerentes à estrutura do sistema nervoso que conduziriam à produção de representações sempre análogas ou similares. Do mesmo modo que existem pulsões herdadas para agir de modo sempre idêntico (instintos), existiriam tendências herdadas para construir representações análogas ou semelhantes. Esta segunda hipótese ganha terreno nas obras mais recentes de Jung.

*

Seja qual for sua origem, o arquétipo funciona como um nódulo de concentração de energia psíquica. Quando essa energia, em estado potencial, se atualiza, toma forma, então teremos a *imagem arquetípica*. Não poderemos denominar essa imagem de arquétipo, pois o arquétipo é unicamente uma virtualidade.

Nunca nos maravilharemos bastante se pensarmos nesse prodigioso fenômeno que é a formação de imagens interiores. *Como* elas se configuram às custas de energia psíquica, ninguém sabe. Também não se conhece o *como* das transformações energéticas das quedas-d'água em luz, da luz em calor. Mas a prova da transformação de energia psíquica em imagens nos é dada todas as noites nos nossos próprios sonhos, quando personagens conhecidas ou estranhas surgem das profundezas para desempenhar comédias ou dramas em cenários mais ou menos fantásticos.

A noção de arquétipo, postulando a existência de uma base psíquica comum a todos os seres humanos, permite compreender por que em lugares e épocas distantes aparecem temas idênticos nos contos de fada, nos mitos, nos dogmas e ritos das religiões, nas artes, na filosofia, nas produções do inconsciente de um modo geral – seja nos sonhos de pessoas normais, seja em delírios de loucos.

Vejamos um exemplo: o tema mítico do *eterno retorno*. Vamos encontrá-lo profundamente enraizado nas convicções ingênuas de sociedades primitivas, seguras de que ocorrerá uma volta aos tempos das origens, era de abundância e de felicidade. Vestida em roupagens magníficas, a mesma ideia está incorporada à cosmogonia hindu, com os seus quatro Yugas (períodos) que se desdobram lenta e incessantemente em ciclos perenes, marcados nos seus movimentos de expansão e de declínio por acontecimentos mitológicos sempre idênticos. Ressurge a ideia com os filósofos gregos pré-socráticos Anaximandro e Pitágoras. E Platão estava convicto que as artes e a filosofia inúmeras vezes já se haviam desenvolvido até atingirem seu apogeu para declinarem e extinguirem-se à espera do recomeço de novo ciclo. O tema do eterno retorno reaparece na interpretação da história segundo Vico (século XVIII): a história de todas as nações segue um curso que repete sempre três fases – a idade divina, a idade heroica e a idade humana. Seguem-se inevitáveis crises que conduzem cada nação a ruínas das quais reaparece necessariamente novo ciclo das três idades.

Diante de Nietzsche a visão do eterno retorno apresentou-se terrível. Ele a transportou para a existência individual. Todas as percepções, sentimentos, pensamentos, gestos de sua própria vida estariam inexoravelmente condenados a repetir-se sem fim. Em suas palavras: "Que aconteceria se um demônio te dissesse um dia: esta vida, tal como a vives atualmente, será necessário que a revivas ainda uma vez, e uma quantidade inumerável de vezes. É preciso que cada dor e cada alegria, cada pensamento e cada suspiro voltem a ti, e tudo isso na mesma sequência e na mesma ordem, e também essa aranha e esse raio de luar por entre as árvores, e também este instante e eu mesmo." A ideia do eterno retorno apoderou-se do esquizofrênico Júlio, paciente de um hospital psiquiátrico no Rio de Janeiro. Ele se imagina prisioneiro de uma cadeia de fatos e de pensamentos que se reproduzem e se sucedem sem trégua, regidos pelo que ele chama de "movimento de repetição".

Nietzsche, apesar do horror que a visão do eterno retorno lhe infundiu, encontrou no seu gênio a força para elaborá-la intelectualmente, enquanto Júlio ficou possuído pela mesma ideia completamente desprovido da possibilidade de trabalhá-la com o pensamento consciente.

Símbolo

Nem toda imagem arquetípica é um símbolo por si só. Em todo símbolo está sempre presente a imagem arquetípica como fator essencial, mas, para construí-lo a essa imagem devem ainda juntar-se outros elementos. O símbolo é uma forma extremamente complexa. Nela se reúnem opostos numa síntese que vai além das capacidades de compreensão disponíveis no presente e que ainda não pode ser formulada dentro de conceitos. Inconsciente e consciente aproximam--se. Assim, o símbolo não é racional, porém as duas coisas ao mesmo tempo. Se é de uma parte acessível à razão, de outra parte lhe escapa para vir fazer vibrar cordas ocultas no inconsciente: "Um símbolo não traz explicações: impulsiona para além de si mesmo na direção de um sentido ainda distante, inapreensível, obscuramente pressentido e que nenhuma palavra de língua falada poderia exprimir de maneira satisfatória" (Jung).

Figuras sintéticas, substitutivas de coisas conhecidas, não são símbolos – são *sinais*. Exemplo: asas estampadas no quepe dos aviadores. Representações figuradas de objetos ideais ou materiais não são símbolos – são *alegorias*. Exemplo: a Justiça representada por uma mulher de olhos vendados. Os símbolos, segundo Jung, são a expressão de coisas significativas para as quais não há, no momento, formulação mais perfeita. Exemplo: a imagem da caverna, descrita por Platão, onde pessoas acorrentadas veem apenas o movimento de sombras sem se darem conta de que desconhecem a verdadeira realidade.

Os símbolos têm vida. Atuam. Alcançam dimensões que o conhecimento racional não pode atingir. Transmitem intuições altamente estimulantes, prenunciadoras de fenômenos ainda desconhecidos. Mas desde que seu conteúdo misterioso venha a ser apreendido pelo pensamento lógico, esvaziam-se e morrem.

O conceito junguiano de símbolo difere, portanto, do conceito de símbolo da escola freudiana. As representações disfarçadas de conteúdos reprimidos no inconsciente são símbolos para os freudianos e apenas sinais para os junguianos. Freud afirma que a simbolização surge como resultado do conflito entre a censura e as pulsões reprimidas, enquanto Jung, em vez de ver na atividade formadora de símbolos o resultado de conflitos, vê uma ação mediadora, uma tentativa de encontro entre opostos movida pela tendência inconsciente à totalização. Outra diferença consiste em que, na concepção freudiana, embora os símbolos sejam numerosos, referem-se sempre a reduzido número de ideias inconscientes que dizem respeito ao corpo do indivíduo, às personagens da família, aos fenômenos do nascimento, da sexualidade e da morte. O símbolo, na concepção junguiana, é uma linguagem universal infinitamente rica, capaz de exprimir por meio de imagens muitas coisas que transcendem as problemáticas específicas dos indivíduos.

Freud sustenta que todas as ocorrências da vida psíquica pessoal ficam indelevelmente gravadas no inconsciente. Nada se apaga. Tudo se conserva e, sob circunstâncias favorecedoras, poderá voltar a surgir. E, para ilustrar essa ideia, recorre a uma comparação fantasista. Imagina Roma vista num corte em profundidade, conservadas suas diversas fases: a Roma quadrada, pequena colina erguida sobre o monte Palatino; a Roma dos Septimonium, que reuniu a população instalada sobre sete colinas: depois a área delimitada pela muralha de Sérvio Túlio; a seguir, a cidade cercada pelas muralhas construídas sob ordens do imperador Aureliano e, posteriormente, cada fase de transformação da cidade eterna, tudo isso preservado, todas as fases conservadas intactas e não apenas ruínas esparsas, correspondentes a este ou àquele período. Assim seria a vida psíquica inconsciente. Seus conteúdos manter-se-iam permanentemente iguais.

A concepção de Jung é diversa. Desde o início, ele via o inconsciente num constante trabalho de revolver conteúdos, de agrupá-los e de reagrupá-los. Mais tarde, porém, através de sua experiência clínica, chegou à conclusão de que algo ainda mais importante acontecia: os *conteúdos do inconsciente não se mantinham necessariamente iguais para sempre*. Eram suscetíveis de metamorfoses. Será possível acompanhá-las através dos sonhos, nos casos individuais. Na vida social poderão ser captadas sobretudo nas transformações dos símbolos religiosos. O inconsciente *sofre mudanças e produz mudanças*. Influencia o ego e poderá ser influenciado por ele.

Desde que a atividade consciente repousa sobre o lastro básico dos instintos e dos arquétipos, será utilíssimo para a saúde psíquica estabelecermos um diálogo entre consciente e inconsciente, a fim de nos apropriarmos do influxo energético que emana do dinamismo das estruturas de fundamento da vida psíquica. Quando se abrem fendas demasiado largas entre consciente e inconsciente, surge a neurose, a doença da nossa época. Será, portanto, de vital importância dedicar conscienciosa atenção às imagens arquetípicas. Tais como se apresentam, elas correspondem a um modo de vida arcaico. Teremos de elaborá-las na medida em que possamos atingi-las e de modificá-las no sentido de adaptação às necessidades de nosso tempo.

É este, resumidamente, o pensamento de Jung, expresso nos seus últimos escritos. Nota-se uma ampliação em profundidade do diálogo entre consciente e inconsciente, já iniciado no seu livro de 1928, *As relações entre o eu e o inconsciente*.

Tendo presentes esses dados, compreender-se-á por que a psicologia junguiana não se interessa unicamente em fazer achados arqueológicos nas produções do inconsciente e em interpretá-los como sobrevivências de mundos mais antigos. Afigura-se-lhe ainda mais importante descobrir e acompanhar, nessas produções, o contínuo processo de elaboração dos conteúdos do inconsciente.

Um dos últimos livros de Jung tem por título *Aion* (1950). É Aion o deus da religião mitraica que representa o eterno evolver do tempo, e *éon* significa uma era, um segmento de tempo histórico. Sob esse título, Jung estuda as modificações da visão do mundo formada pelo ser humano no curso da era cristã em correlação com as transformações pelas quais vem passando o arquétipo do *self* (si mesmo).

Esta linha de pensamento do mestre orienta as pesquisas de Marie-Louise von Franz. Em estudos de muita originalidade, ela já apresentou dois cortes transversais, distantes um do outro catorze séculos, desse lento processo de desenvolvimento que se vem desdobrando nas profundezas do inconsciente coletivo. No seu trabalho *Passio Perpetuae*, ela analisa os sonhos de Santa Perpétua, mártir cristã do século I, mostrando que o cristianismo havia sido incorporado às correntes de forças ascendentes do inconsciente. Com efeito, o desenvolvimento do indivíduo ocidental exigia, naquela fase de decadência do Império Romano, a repressão da vida instintiva a fim de que a consciência se diferenciasse melhor. E era este, precisamente, o programa da nova religião.

Em outro ensaio, "Sonhos e visões de São Nicolau de Flue", Marie-Louise von Franz continua a pesquisa dos processos em desenvolvimento no inconsciente coletivo. Os sonhos e visões do santo suíço do século XV evidenciam que o obscuro labor do inconsciente havia conduzido seus conteúdos a um estádio bastante diferente da situação no tempo de Santa Perpétua. Agora, nos sonhos de São Nicolau, símbolos pagãos vinham *fusionar-se* com símbolos cristãos. Num desses sonhos, por exemplo, Cristo se apresenta revestido numa pele de urso, tal como costumava fazer o deus germânico Wotan quando errava pelos caminhos do Norte da Europa. E essa imagem desperta no santo um inefável sentimento de amor. Cristo vestindo pele de urso é um símbolo em cuja construção se reúnem aspecto espiritual luminoso e aspecto escuro animal, formando uma totalidade.

Curioso testemunho contemporâneo dessa aproximação de opostos em elaboração é a pintura de um rapaz pernambucano, feita em 1963 (nossa coleção particular), onde se vê a Virgem Maria com os pés mergulhados no interior da cabeça de um gato preto. A orla do manto azul da Virgem dá o colorido aos olhos do gato, e a ponta de seus pés confunde-se com os dentes do animal. Essa imagem bem pouco dogmática reúne o aspecto luz e pureza da bem-aventurança aos atributos terrestres da mulher, representados pelo gato, animal que é o mais apto representante de sua sombra e que sempre esteve em conexão com as Mães Divinas pagãs.

Observe-se que nesses exemplos não se verifica mera emergência de símbolos pagãos, mas a tendência desses símbolos a fundirem-se com os símbolos cristãos, permitindo admitir-se que está em curso, no inconsciente, uma *reorganização* de seus conteúdos.

Uma vez obtida a diferenciação dos opostos Deus e diabo, bem e mal, instinto e espírito, que foi psicologicamente necessária ao afinamento da sensibilidade do indivíduo ocidental, parece que muito lentamente se está preparando, nas profundezas da psique, uma nova reaproximação entre opostos, reaproximação que se realizaria, porém, num nível mais alto que aquele de sua primitiva coexistência. Nas produções do inconsciente vão-se acentuando os sinais anunciadores de que se delineia uma futura coordenação de forças onde os instintos (o animal em nós) venham a ser integrados aos valores espirituais de nossa cultura.

Leituras

O inconsciente coletivo está presente, por assim dizer, em toda a obra de Jung. Entretanto, no primeiro tomo do volume 9 da Obra Completa, *Os arquétipos e o inconsciente coletivo*, estão reunidos os trabalhos fundamentais sobre o assunto. Nesse livro, o leitor poderá acompanhar a elaboração das ideias de Jung sobre o inconsciente coletivo e os arquétipos por meio de diversos trabalhos a partir de 1936. Três ensaios de caráter geral estabelecem as bases teóricas. Seguem-se outros, que se ocupam de arquétipos específicos: aspectos psicológicos do arquétipo mãe: o conceito de *anima*; a psicologia do arquétipo da criança; aspectos psicológicos do arquétipo da jovem divina etc.

C.G. Jung, "Chegando ao inconsciente", primeiro capítulo do livro *O homem e seus símbolos*.

O leitor que se interessar mais a fundo pelo assunto lerá com prazer *Moisés e a religião monoteísta*, de Freud, onde encontrará, na fonte, o pensamento do autor sobre o que ele denominava *herança arcaica* (especialmente nas páginas 114 a 119, da edição espanhola, Losada, 1945).

Capítulo 6
Processo de individuação

Todo ser tende a realizar o que existe nele, em germe, a crescer, a completar-se. Assim é para a semente do vegetal e para o embrião do animal. Assim é para a pessoa, quanto ao corpo e quanto à psique. Mas no ser humano, embora o desenvolvimento de suas potencialidades seja impulsionado por forças instintivas inconscientes, isso adquire um caráter peculiar: o ser humano é capaz de tomar consciência desse desenvolvimento e de influenciá-lo. Precisamente no confronto do inconsciente com o consciente, no conflito como na colaboração entre ambos é que os diversos componentes da personalidade amadurecem e unem-se numa síntese, na realização de um indivíduo específico e inteiro. Essa confrontação "é o velho jogo do martelo e da bigorna: entre os dois, o ser humano, como o ferro, é forjado num todo indestrutível, num indivíduo. Isso, em termos toscos, é o que eu entendo por processo de individuação" (Jung).

O processo de individuação não consiste num desenvolvimento linear. É um movimento de circunvolução que conduz a um novo centro psíquico. Jung denominou esse centro *self* (si mesmo). Quando consciente e inconsciente vêm ordenar-se em torno do *self*, a personalidade completa--se. O *self* será o centro da personalidade total, como o *ego* é o centro do campo do consciente.

O conceito junguiano de individuação tem sido muitas vezes deturpado. Entretanto é claro e simples na sua essência: tendência instintiva a realizar plenamente potencialidades inatas. Mas, de fato, a psique humana é tão complexa, são de tal modo intrincados os componentes em jogo, tão variáveis as intervenções do ego consciente, tantas as vicissitudes que podem ocorrer, que o processo de totalização da personalidade não poderia jamais ser um caminho reto e curto de chão bem batido. Ao contrário, será um percurso longo e difícil.

Pelo menos duas confusões frequentes devem ser de início esclarecidas. Em primeiro lugar, não se pense que individuação seja sinônimo de perfeição. Aquele que busca individuar-se não tem a mínima pretensão a tornar-se perfeito. Ele visa a *completar-se*, o que é muito diferente. E para completar-se terá de aceitar o fardo de conviver conscientemente com tendências opostas, irreconciliáveis, inerentes à sua natureza, tragam estas as conotações de bem ou de mal, sejam escuras ou claras. Outro erro grave seria confundir individuação com individualismo: "Vindo a ser o indivíduo que é de fato, o ser humano não se torna *egoísta* no sentido ordinário da palavra, mas está meramente realizando as particularidades de sua natureza, e isso é enormemente diferente de egoísmo ou individualismo" (Jung). Note-se que o trabalho no sentido da individuação toma em atenta consideração os componentes coletivos da psique humana (conteúdos do inconsciente coletivo), o que desde logo permite esperar que daí resulte um melhor funcionamento do indivíduo dentro da coletividade.

Nesse trabalho, ele aprende por experiência própria que a estrutura básica de sua vida psíquica é a mesma estrutura básica da psique de todos os seres humanos. Um conhecimento dessa ordem decerto não fomenta sentimentos de orgulhosos privilégios individualistas. Acontece é que as relações interpessoais mudam no decurso do desenvolvimento da personalidade. Liquidam-se projeções. As relações de estreita dependência, de quase fusão com outros seres gradualmente se modificam para dar lugar a uma posição de "respeito pelo segredo que é cada vida humana". Talvez o indivíduo venha então a sentir-se algo solitário, porém estará cada vez mais longe do egoísmo individualista.

O processo de individuação é descrito em imagens nos contos de fada, mitos, no *opus* alquímico, nos sonhos, nas diferentes produções do inconsciente. Sobretudo através dos sonhos será possível acompanhá-lo ao vivo nos progressos, interrupções, regressões e interferências várias que perturbem seu desenvolvimento. Seguindo-o em numerosíssimos casos, Jung verificou a constante emergência de imagens análogas ou semelhantes que se sucediam, traçando, por assim dizer, o itinerário do caminho percorrido. Baseado nessas observações, Jung descreveu as principais etapas do processo de individuação.

A preliminar será o desvestimento das falsas roupagens da *persona*.

Para estabelecer contatos com o mundo exterior, para adaptar-se às exigências do meio onde vive, o ser humano assume uma aparência que geralmente não corresponde ao seu modo de ser autêntico. Apresenta-se mais como os outros esperam que ele seja, ou como ele desejaria ser, do que realmente como é. A essa aparência artificial Jung chama *persona*, designação muito adequada, pois os antigos empregavam esse nome para denominar a máscara que o ator usava segundo o papel que ia representar. O professor, o médico, o militar, por exemplo, de ordinário mantêm uma fachada de acordo com as convenções coletivas, quer no vestir, no falar ou nos gestos. Os moldes da *persona* são recortes tirados da psique coletiva.

Se, numa certa medida, a *persona* representa um sistema útil de defesa, poderá suceder que seja tão excessivamente valorizada a ponto de o ego consciente identificar-se com ela. O indivíduo funde-se então com os seus cargos e títulos, ficando reduzido a uma impermeável casca de revestimento. Por dentro não passa de lamentável farrapo, que facilmente será estraçalhado se soprarem lufadas fortes vindas do inconsciente.

Nenhum exemplo ilustrará melhor o que seja a *persona* que o conto de Machado de Assis "O espelho".

Nesse conto, Machado apresenta a teoria de que o ser humano tem duas almas: "uma que olha de dentro para fora, outra que olha de fora para dentro. [...] Há casos, por exemplo, em que um simples botão de camisa é a alma exterior de uma pessoa; e assim também a polca, o voltarete, um livro, uma máquina, um par de botas, uma cavatina, um tambor etc." E narra o caso de um jovem que, sendo nomeado alferes da Guarda Nacional, tanto se identificou com a patente que "o alferes eliminou o homem". Quando, por circunstâncias especiais, ele foi obrigado a ficar sozinho numa casa de campo onde não havia ninguém para prestar as louvações e marcas de respeito devidas ao alferes, sentiu-se completamente vazio. Até sua imagem no espelho, ele a via esfumada, sem contorno nítido. Esse fenômeno estranho levou-o ao pânico. Desesperado, lembrou-se de vestir a farda de alferes. "O vidro reproduziu então a figura integral, nenhuma linha de menos, nenhum contorno diverso; era eu mesmo, o alferes, que achava, enfim, a alma exterior."

Quanto mais a *persona* aderir à pele do ator, tanto mais dolorosa será a operação psicológica para despi-la.

Quando é retirada a máscara que o ator usa nas suas relações com o mundo, aparece uma face desconhecida.

Olhar-se em um espelho que reflita cruamente essa face é decerto um ato de coragem. Será visto nosso lado escuro onde moram todas as coisas que nos desagradam em nós, ou mesmo que nos assustam. É nossa sombra. Os primitivos acreditavam que a sombra projetada por seus corpos, ou sua imagem refletida na água, fosse uma parte viva deles próprios. E, com efeito, a *sombra* (em sentido psicológico) faz parte da personalidade total. As coisas que não aceitamos em nós, que nos repugnam e que por isso reprimimos, nós as projetamos no *outro*, seja ele o nosso vizinho, o nosso inimigo político ou uma figura-símbolo como o demônio. E assim permanecemos inconscientes de que as abrigamos dentro de nós. Lançar luz sobre os recantos tem como resultado o alargamento da consciência. Já não é o *outro* quem está sempre errado. Descobrimos que frequentemente "a trave" está em nosso próprio olho.

Quanto mais a *sombra* for reprimida, mais se tornará espessa e negra. Exemplo impressionante desse fenômeno da dinâmica psíquica encontra-se no conto de R. Stevenson, "Dr. Jekyll e Mr. Hyde", que o cinema divulgou num filme intitulado *O médico e o monstro*. O Dr. Jekyll era um médico admirado pela sua capacidade, afável com os amigos e cheio de bondade para seus doentes. Mr. Hyde, um ser moralmente insensível, sempre pronto a cometer crimes. Os dois eram a mesma pessoa.

É muito curioso que o conto de Stevenson tenha tido origem num sonho do autor e logo haja sido escrito, quase sem pausas, em três dias. Trata-se de um extraordinário documento psicológico. Jekyll descreve-se: "Meu maior defeito era uma certa disposição natural para o prazer, disposição que fez a felicidade de muitos outros, mas que eu achava difícil conciliar com o meu imperioso desejo de andar de cabeça erguida. Usava então diante do público de uma aparência mais grave que o comum." Ele se surpreendia ao ver que sob a forma de Hyde não lhe contentavam os prazeres que Jekyll não se permitia. Hyde, como personagem autônomo, livre de seguir seus impulsos, ia muito além, revelava-se intrinsecamente mau, capaz de todas as vilezas.

A *sombra* é uma espessa massa de componentes diversos, aglomerando desde pequenas fraquezas, aspectos imaturos ou inferiores, complexos reprimidos, até forças verdadeiramente maléficas, negrumes assustadores. Mas também na *sombra* poderão ser discernidos traços positivos: qualidades valiosas que não se desenvolveram devido a condições externas desfavoráveis ou porque o indivíduo não dispôs de energia suficiente para levá-las adiante, quando isso exigisse ultrapassar convenções vulgares.

A *sombra* coincide com o inconsciente freudiano e com o inconsciente pessoal junguiano. Nos sonhos ela costuma aparecer personificada em indivíduos do mesmo sexo do sonhador que representam, por assim dizer, o seu avesso. É um duro problema de início de análise o reconhecimento de figurantes do sonho, julgados desprezíveis pelo sonhador, como aspectos sombrios de sua própria personalidade.

Mas a *sombra* ultrapassa os limites do pessoal e alonga-se na *sombra coletiva*. Veremos então pessoas civilizadas,* quando reunidas em massa, portarem-se segundo os mais inferiores padrões. Caírem presas de preconceitos coletivos de discriminações raciais. Fabricarem bodes expiatórios. Tornarem-se ávidos, destrutivos, sanguinários. Os exemplos são múltiplos e infelizmente estão de tal modo presentes no mundo contemporâneo que será desnecessário citá-los.

Depois de travar conhecimento com a própria *sombra*, uma tarefa muito mais difícil se apresenta. É a confrontação da *anima*.

Todos sabem que no corpo de cada homem existe uma minoria de genes femininos que foram sobrepujados pela maioria de genes masculinos. A feminilidade inconsciente no homem, Jung denomina *anima*: "A *anima* é, presumivelmente, a representação psíquica da minoria de genes femininos presentes no corpo do homem" (Jung). Essa feminilidade inconsciente no homem, indiferenciada, inferior, manifesta-se, na vida ordinária, por despropositadas mudanças de humor e caprichos.

---

* O termo "civilizado" para C.G. Jung remete à ideia da construção cultural do Ocidente que afasta as pessoas do inconsciente próprio e coletivo, tornando-as distantes de seus instintos e origens. Qualquer indivíduo contemporâneo pode ser considerado civilizado nesses termos, sem que com isso haja um juízo de valor de superioridade racional ou racista.

Vêm compor a *anima* também as experiências fundamentais que o homem teve com a mulher através dos milênios, "um aglomerado hereditário inconsciente de origem muito longínqua, *tipo* de todas as experiências da linha ancestral em relação ao ente feminino, resíduo de todas as impressões fornecidas pela mulher" (Jung). A *anima* encerra os atributos fascinantes do "eterno feminino" – noutras palavras, é o arquétipo do feminino.

O primeiro receptáculo da *anima* é a mãe, e isso faz que aos olhos do filho ela pareça dotada de algo mágico. Depois, a *anima* será transferida para a estrela de cinema, a cantora de rádio e, sobretudo, para a mulher com quem o homem se relacione amorosamente, provocando os complicados enredamentos do amor e as decepções causadas pela impossibilidade de o objeto real corresponder plenamente à imagem oriunda do inconsciente. Aliás essa transferência nem sempre se processa de modo satisfatório. A retirada da imagem da *anima* de seu primeiro receptáculo constitui uma etapa muito importante na evolução psíquica do homem. Se não se realiza, a *anima* é transposta, sob a forma da imagem da mãe, para a namorada, a esposa ou a amante. O homem esperará que a mulher amada assuma o papel protetor de mãe, o que o leva a modos de comportamento e a exigências pueris gravemente perturbadoras das relações entre os dois.

Na primeira metade da vida, a *anima* projeta-se de preferência no exterior, sobre seres reais, estando sempre presente nas problemáticas do amor, suas ilusões e desilusões. Mas na segunda metade da existência, quando o jogo dessas projeções vai se esgotando, é a mulher dentro do homem, durante anos reprimida (porque, no consenso coletivo, um homem nunca deve permitir que o sentimento influa na sua conduta), quem penetra na sua vida sem ser chamada. O "homem forte" estará então frequentemente amuado, tornar-se-á hipersuscetível, surgirão intempestivas mudanças de humor, explosões emocionais, caprichos. Ele perderá progressivamente o comando em sua casa.

A *anima* apresenta-se personificada nos sonhos, nos contos de fada, no folclore de todos os povos, nos mitos, nas produções artísticas. As formas, belas ou horríveis, de que se reveste, são numerosíssimas: sereia, mãe-d'água, feiticeira, fada, ninfa, animal, súcubo, deusa, mulher. O princípio feminino no homem poderá desenvolver-se, diferenciar-se, transpor estádios evolutivos.

Eis um exemplo de *anima* correspondente à etapa em que fortes componentes sexuais acham-se mesclados a elementos românticos e estéticos. Fala, em linguagem enfática, a jovem tocadora de cinor pintada na parede de um túmulo pagão, lugar de refúgio do monge Pafnúcio quando se debatia no seu doido amor por Thaïs: "Para onde pensas me fugir, insensato? Tu encontrarás a minha imagem no desabrochar das flores e no donaire das palmeiras, no voo das pombas, nos saltos das gazelas, na fuga ondulosa dos regatos, nas dormentes claridades da lua. E, se fechares os olhos, a encontrarás em ti mesmo. [...] Conheces-me bem, Pafnúcio. Por que não me reconheceste? Sou uma das inúmeras encarnações de Thaïs. [...] Decerto ouviste dizer que Thaïs viveu outrora em Esparta sob o nome de Helena. Em Tebas Hecatompila, ela teve uma outra existência. Donde vem tua surpresa? Era certo que, fosses aonde fosses, encontrarias Thaïs" (*Thaïs*, Anatole France, tradução brasileira de Sodré Viana).

Exemplo de *anima* representativa de estádio evolutivo superior, misteriosa encarnação de espiritualidade e sabedoria é Mona Lisa. Dmitri Merejkovski, no livro *O romance de Leonardo da Vinci* (tradução brasileira de Brenno da Silveira) teve a intuição perfeita de que Mona Lisa era a própria alma do pintor, quando pôs na boca de um de seus discípulos estas palavras: "A realidade parecia um sonho e o sonho, realidade, como se Mona Lisa não fosse uma criatura viva, esposa de um cidadão florentino, um certo Messer Giocondo, o mais comum dos mortais, mas um ser semelhante aos espíritos e evocado pela vontade do mestre – uma fada, um sósia feminino do próprio Leonardo."

Se o princípio feminino no homem (*anima*) for atentamente tomado em consideração e confrontado pelo ego, os fenômenos decorrentes de seus movimentos autônomos dissolvem-se, suas personificações desfazem-se. A *anima* torna-se uma função psicológica da mais alta importância. Função de relacionamento com o mundo interior, na qualidade de intermediária entre o consciente e inconsciente, função de relacionamento com o mundo exterior, na qualidade de *sentimento* conscientemente aceito.

Do mesmo modo que no corpo de todo homem existe uma minoria de genes femininos, no corpo de cada mulher acha-se presente uma minoria de genes masculinos. Jung denomina *animus* à masculinidade existente no psiquismo da mulher. Essa masculinidade é inconsciente e manifesta-se, de ordinário, como intelectualidade mal diferenciada e simplista. Daí vermos frequentemente mulheres sustentarem afirmações *a priori*, opiniões convencionais que não resistem ao exame lógico mas que nem por isso deixam de ser teimosamente defendidas com argumentos acirrados. O *animus* opõe-se à própria essência da natureza feminina, que busca, antes de tudo, relacionamento afetivo. Sua hipertrofia resultará em humor querelante, em quebra de laços de amor.

O *animus* condensa todas as experiências que a mulher vivenciou nos seus encontros com o homem no curso dos milênios. E é a partir desse imenso material inconsciente que é modelada a imagem do homem que a mulher procura.

O primeiro receptáculo do *animus* será o pai. Transfere-se depois para o mestre, para o ator de cinema, o campeão esportivo ou o líder político. Projetado sobre o homem amado, faz dele uma imagem ideal, impossível de resistir à convivência cotidiana. Vêm as decepções inevitáveis.

As relações entre o homem e a mulher ocorrem dentro do tecido fantasmagórico produzido pela *anima* e pelo *animus.* Portanto, não é para surpreender que surjam emaranhados problemas na vida dos casais.

As personificações que o *animus* assume nos sonhos, contos de fada, mitos e outras produções do inconsciente variam em escala larguíssima: formas animais, selvagens, demônios, príncipes, criminosos, heróis, feiticeiros, artistas, homens brutos e homens requintados.

Do mesmo modo que a *anima*, o *animus* é suscetível de evoluir, de transformar-se. Vários contos de fada nos dizem de príncipes metamorfoseados em animais que por fim são redimidos pela heroína do conto, o que significa evolução e integração do princípio masculino na consciência da mulher.

As representações dos aspectos negativos do *animus* são particularmente abundantes. Vamos encontrar exemplo dos mais típicos na Bíblia, no livro de Tobias (Capítulo VI), onde é contada a história da jovem Sara, que se casou sete vezes e matou os sete maridos na noite de núpcias por estar possuída pelo demônio Asmodeu. Muitas histórias medievais narram também casos de mulheres que, possuídas de demônios, entregavam-se a um erotismo desenfreado e cometiam atos destrutivos.

Extraordinária figuração do *animus*, na literatura, é Heathcliff, personagem de *O morro dos ventos uivantes*, romance de Emily Brontë (tradução brasileira de Rachel de Queiroz). Heathcliff encarna os atributos negativos do *animus* em toda a sua crueza: brutalidade, crueldade, capacidade destruidora. Mas Emily, que vivia em íntimo contato com as imagens do inconsciente, conhecia também outras faces do *animus*. É assim que em seus poemas exalta um "anjo radiante", um "fantasma sempre presente – meu escravo, meu companheiro, meu rei".

O *animus* nos seus aspectos positivos tem funções importantes a realizar. É o mediador entre inconsciente e consciente – papel desempenhado pela *anima* no homem. Se atentamente cuidado e integrado pelo consciente, traz à mulher capacidade de reflexão, de autoconhecimento e gosto pelas coisas do espírito.

A noção da bissexualidade de todo ser humano, antes de ser aceita pela ciência, era já uma intuição antiquíssima. Encontramo-la, por exemplo, no mito dos *andróginos*, apresentado por Aristófanes no *Banquete* de Platão. Os andróginos eram seres bissexuados, redondos, ágeis e tão possantes que Zeus chegou a temê-los. Para reduzir-lhes a força dividiu-os em duas metades: masculina e feminina. Desde então, cada um procura ansiosamente sua metade. O homem e a mulher sofrem esse mesmo sentimento, expresso pelo mito, de serem incompletos quando sozinhos, pois a natureza do homem pressupõe a mulher e a natureza da mulher pressupõe o homem.

Quando, depois de duras lutas, se desfazem as personificações da *anima* ou do *animus*, "o inconsciente muda de aspecto e aparece sob uma forma simbólica nova, representando o *self*, o núcleo mais interior da psique" (M. L. von Franz).

Surgem então, nos sonhos, as primeiras figurações desse centro profundo. Habitualmente, nos sonhos de mulheres, esse centro revela-se sob a forma de uma figura feminina superior – mulher desconhecida de quem emana autoridade e benevolência, sacerdotisa, deusa-mãe ou deusa do amor. Nos sonhos de homens, assume o aspecto de velho sábio, de mago, de mestre espiritual, de filósofo. Essas personificações, sejam as femininas ou as masculinas, são dotadas de grande potencial energético, causando sempre ao sonhador uma impressão duradoura de maravilhamento.

O *self* não se revela apenas por intermédio de personificações humanas. Sendo uma grandeza que excede de muito a esfera do consciente, sua escala de expressões estende-se de uma parte ao infra-humano e de outra parte ao super-humano. Assim, seus símbolos podem apresentar-se sob aspectos minerais, vegetais, animais; como super-homens e deuses. E também sob formas abstratas. A denominação de *self* não cabe unicamente a esse centro profundo, mas também à totalidade da psique. O reconhecimento da própria sombra, a dissolução de complexos, a liquidação de projeções, a assimilação de aspectos parciais do psiquismo, a descida ao fundo dos abismos – em suma, o confronto entre consciente e inconsciente – produzem um alargamento do mundo interior do qual resulta que o centro da nova personalidade, construída durante todo esse longo labor, não mais coincida com o ego. O centro da personalidade estabelece-se agora no *self*, e a força energética que este irradia englobará todo o sistema psíquico. A consequência será a totalização do ser, sua *esferificação* (*abrundung*). O indivíduo já não estará fragmentado interiormente. Não se reduzirá a um pequeno ego crispado dentro de estreitos limites. Seu mundo agora abraça valores mais vastos, absorvidos do imenso patrimônio que a espécie penosamente acumulou nas suas estruturas fundamentais. Prazeres e sofrimentos serão vivenciados num nível mais alto de consciência. A pessoa torna-se *ela mesma*, um ser completo, composta de consciente e inconsciente, incluindo aspectos claros e escuros, masculinos e femininos, ordenados segundo o *plano de base* que lhe for peculiar.

Expressão por excelência da totalidade psíquica é o *mandala*. *Mandala*, palavra sânscrita, significa círculo, ou círculo mágico. Seu simbolismo inclui toda imagem concentricamente disposta, toda conferência ou quadrado tendo um centro e todos os arranjos radiados ou esféricos. O centro do mandala representa o núcleo central da psique (*self*), núcleo que é fundamentalmente uma fonte de energia: "A energia do ponto central manifesta-se na compulsão quase irresistível para levar o indivíduo a tornar-se *aquilo que ele é*, do mesmo modo que todo organismo é impulsionado a assumir a forma característica de sua natureza, sejam quais forem as circunstâncias" (Jung).

No curso do processo de individuação, em torno desse centro e em função dele, segundo tentamos descrever, vêm organizar-se os diferentes fatores psíquicos e mesmo os mais irreconciliáveis opostos. Cria-se uma ordem que "transforma o caos em cosmos". Mas não uma ordem estática. Formação, transformação constituem sua essência.

Valerá a pena o árduo trabalho da individuação? Aqueles que não se diferenciam permanecem obscuramente envolvidos numa trama de projeções, confundem-se, fusionam-se com outros e desse modo são levados a agir em desacordo consigo, com o plano básico inato de seu próprio ser. E é esse "desacordo consigo mesmo que constitui fundamentalmente o estado neurótico". Prossegue Jung: "A liberação desse estado só sobrevirá quando se puder existir e agir de conformidade com aquilo que é sentido como sendo a própria verdadeira natureza." Este sentimento será de início nebuloso e incerto, mas, à medida que evolui o processo de individuação, fortalece-se e afirma-se claramente. Então a pessoa poderá dizer, ainda que em meio a dificuldades externas e internas, embora reconhecendo que nenhuma carga é tão pesada quanto suportar a si mesma: "Tal como sou, assim eu ajo."

Foram as próprias experiências internas de Jung que o levaram à descoberta do processo de individuação, segundo ele narra em suas *Memórias*. Viveu-o intensamente em todas as suas fases e, paralelamente, observava que o curso de desenvolvimento da personalidade de seus analisandos seguia roteiro semelhante, sempre progredindo em direção a um centro, a um núcleo energético que se revelava existente no mais íntimo da psique.

O *processo de individuação* é o eixo da psicologia junguiana.

Será discernido nos sonhos, contos de fada, mitos, no *opus* alquímico, em suma, nas mais diversas produções do inconsciente, percebendo-se em primeiro plano ora esta, ora aquela etapa do processo.

Leituras

C.G. Jung, *O eu e o inconsciente*, Obra Completa Vol. 7/2.

C.G. Jung, *Os arquétipos e o inconsciente coletivo*, Obra Completa Vol. 9/1. Ver os três trabalhos seguintes: "Consciência, inconsciente e individuação", "Estudo empírico do processo de individuação" e "Simbolismo da mandala".

M. L. von Franz, "O processo de individuação", em C.G. Jung, *O homem e seus símbolos.*

Capítulo 7
O sonho

"O sonho é uma autorrepresentação espontânea, sob forma simbólica, da situação do inconsciente."

"O sonho é aquilo que ele é, inteira e unicamente aquilo que é; não uma fachada, não é algo pré-arranjado, um disfarce qualquer, mas uma construção completamente realizada."

"O sonho é coisa viva. Não é de modo algum coisa morta que soe como papel seco machucado. É uma situação existente, é como um animal com antenas ou com numerosos cordões umbilicais."

Eis algumas definições que Jung dá ao sonho.

Sendo o inconsciente manifestação autêntica da natureza, o sonho, formação nativa do inconsciente, tem todas as características de um produto genuinamente natural. Exprime as coisas tais como elas são, na linguagem arcaica das imagens e dos símbolos. Não disfarça coisa alguma. "A natureza nunca é diplomática."

Para Freud "o sonho é a realização disfarçada de um desejo reprimido". Jung não aceita o disfarce nem admite que todos os sonhos traduzam sempre desejos. Haverá decerto sonhos que revelem desejos secretos, mas a escala de coisas que os sonhos poderão exprimir é infinitamente mais ampla que a mera realização de aspirações não aceitas pelos códigos morais. "Os sonhos podem ser feitos de verdades inelutáveis, de sentenças filosóficas, de ilusões, de fantasias desordenadas, de recordações, projetos, antecipações, seja mesmo de visões telepáticas, de experiências íntimas irracionais, e de não sei mais o que ainda."

Segundo Jung, uma pessoa não aparece no sonho em lugar de outra, como um disfarce de outra. As personagens que surgem no sonho, as situações representadas, referem-se de fato à realidade objetiva. Isso acontece geralmente quando as pessoas com as quais se sonha são conhecidos íntimos ou desempenham papel atual na vida do sonhador. Mas se os figurantes do sonho são desconhecidos, ou mesmo conhecidos que não mantém estreitas relações, no presente, com o sonhador, então adquirem significação peculiar: *representam fatores autônomos da própria psique do sonhador*. Assim, por exemplo, o princípio feminino existente no homem personificar-se-á, no sonho, na imagem de uma mulher jamais vista na vida real; e a sombra do sonhador tomará por empréstimo a face de um conhecido que possua as qualidades negativas que ele não quer reconhecer em si próprio. Na maioria dos casos, "todas as figuras do sonho são aspectos personificados da personalidade do sonhador". E não só as personagens propriamente ditas: "O sonho é o teatro onde o sonhador é ao mesmo tempo o ator, a cena, o ponto, o regente, o autor, o público e o crítico." Ocorre o que disse Schopenhauer: "No sonho, cada um é o seu próprio Shakespeare."

Na prática analítica, fala-se de interpretação no *nível objetivo*, quando o sonho se reporta a situações reais e de interpretação no *nível subjetivo*, desde que as imagens oníricas representem fatores psíquicos do sonhador.

A psicologia junguiana aborda o sonho de dois pontos de vista: do ponto de vista de sua *causalidade* e de sua *finalidade*. A abordagem causal parte dos elementos do sonho e, através da cadeia de associações que estes despertem, vai, de elo em elo, até chegar a um complexo reprimido no inconsciente. E uma técnica redutiva que visa a atingir o ponto X, raiz única de onde brotariam todos os elementos do sonho. Sem negar a importância de seguir o fio do determinismo causal do sonho, Jung diz que para descobrir os complexos mais carregados de energia atuantes no inconsciente não é necessário ter como ponto de partida os elementos do sonho. Uma figura qualquer de anúncio de jornal ou mesmo uma forma abstrata conduzirão inevitavelmente o sonhador a seus complexos. O sonho, prodigiosa trama onde se entrelaçam tão numerosos conteúdos psíquicos, poderá dar muito mais que isso. Jung não pergunta apenas: *por que* este sonho? Pergunta principalmente: *para que* este sonho, qual a sua *finalidade*? Se uma técnica redutiva satisfizer à primeira pergunta, a segunda exigirá outro método. Será necessário explorar os conteúdos oníricos em todas as direções possíveis, amplificando-os e enriquecendo-os; será necessário procurar descobrir as conexões que existam entre uns e outros, até que se configure o sentido do sonho, isto é, a expressão das forças do inconsciente no exercício de suas funções autorre-guladoras (método das ampliações). Falar em finalidade do sonho provocará talvez estranheza, pois o espírito científico contemporâneo é fundamentalmente causalista. Entretanto, são de um biólogo moderno as seguintes palavras: "A prevenção antifinalista ainda reinante no espírito dos sábios contemporâneos resulta da sobrevivência do longo domínio da física macroscópica [...]. É análoga ao erro cometido outrora pelos físicos quando concebiam o átomo sob o modelo de um sistema planetário com trajetórias reguladas pelo jogo de equilíbrios estabelecidos passo a passo" (R. Ruyer).

Atualmente são numerosos os biólogos que põem em relevo a finalidade das atividades orgânicas sempre que elas envolvem convergência de fatores num trabalho conjunto, tais como os fenômenos de regulação vital. O sonho poderá ser classificado entre as atividades desse tipo.

A produção onírica desempenha funções importantes, e mesmo vitais, na economia psíquica. Neurofisiologistas modernos, com base em experiências, chegaram à conclusão de que não sonhar é mais prejudicial que não dormir (trabalhos de Kleitman e W. Dement).

Jung foi o primeiro a abrir caminho nesta direção ao descrever a *função compensadora* dos sonhos. No seu conceito, os sonhos funcionam principalmente como reações de defesa, como autorreguladores de posições conscientes, demasiado unilaterais ou antinaturais: "Do mesmo modo que o corpo reage de maneira adequada a um ferimento, a uma infecção ou a um tipo de vida anormal, assim também as funções psíquicas reagem, por meios de defesa apropriados, a alterações perigosamente perturbadoras. O sonho, na minha opinião, faz parte dessas reações oportunas, introduzindo na consciência, graças a uma estruturação simbólica, os materiais constelados no inconsciente pela situação consciente."

Os sonhos situam-se como expressões importantes da dialética entre consciente e inconsciente, que caracteriza a dinâmica da vida psíquica, segundo a concepção de Jung. Sempre que a atitude consciente se extrema, seja no sentido de extroversão ou de introversão, que saia fora dos ritmos peculiares ao tipo psicológico do indivíduo, ou quando uma das funções de orientação do consciente (pensamento, sentimento, sensação, intuição) se torna demasiado hipertrofiada em detrimento das demais, sempre que o indivíduo supervaloriza ou, ao contrário, subestima a si próprio ou a outrem, sempre que necessidades específicas de cada um são negligenciadas, surgem sonhos compensadores indicando que a psique funciona como um sistema autorregulador.

Quando, por exemplo, existem relações de estreita dependência do sonhador com sua mãe ou seu pai e tão grande supervalorização dessas figuras que o desenvolvimento de sua personalidade fica entravado, é frequente acontecer que, nos sonhos, mãe ou pai apareçam sob aspecto exageradamente desfavorável – a mãe como uma mulher perversa, o pai ébrio etc. O indivíduo demasiado ambicioso que, pela crispação de sua vontade consciente, pretende galgar posições para as quais não possui qualidades terá sonhos que o depreciem, o diminuam. Estes últimos são sonhos *redatores*, modalidade dos sonhos de compensação. Vê-se, portanto, que um sonho não poderá ser corretamente interpretado sem que seja conhecida a situação consciente. Não há leis estabelecidas da compensação onírica, porque o jogo dos mecanismos compensatórios é inesgotável e varia conforme cada caso.

Além da *função compensadora*, outra função importante do sonho é a *prospectiva*. Desde logo deve ficar claro que essa função não assegura ao sonho atributos de profecias infalíveis. Jung adverte: "Seria injustificado qualificá-los de proféticos (aos sonhos prospectivos), pois, no fundo, eles são tão proféticos quanto um prognóstico médico ou meteorológico." O que acontece é que longos processos subterrâneos precedem sempre a eclosão das grandes crises. O inconsciente dispõe de dados mais abundantes que o consciente: impressões subliminares, sensações, sentimentos, pensamentos ainda não apreendidos pelo consciente. E é da conjunção de todos esses elementos que o sonho se estrutura. Assim, não será exagero admitir que o sonho se acha muitas vezes, "do ponto de vista prognóstico, numa situação bem mais favorável que o consciente".

Os antigos sabiam que poderiam encontrar nos sonhos antecipações do futuro. O sonho de Nabucodonosor, interpretado com extraordinária agudeza por Daniel, é um belo exemplo.

Nabucodonosor, rei da Babilônia, estava em pleno fastígio de sua glória quando viu em sonho uma enorme árvore cuja copa se elevava até o céu: seus amplos ramos, carregados de frutos, abrigavam pássaros e davam sombra aos animais dos campos. Então desceu do céu um santo e disse: abatei a árvore e cortai seus ramos, sacudi a folhagem e dispersai os frutos; que os animais fujam de sua sombra e os pássaros abandonem seus ramos. Mas deixai na terra o cepo onde se prendem as raízes e amarrai-o com cadeias de ferro e de bronze por entre a erva dos campos. Que este cepo seja molhado pelo orvalho do céu e que partilhe da erva da terra com os animais. Seu coração de homem lhe será retirado e um coração de animal lhe será dado até que sete tempos passem sobre ele. Doze meses mais tarde, Nabucodonosor enlouquecia e era banido de sua cidade. Passou a comer erva com os bois, seu corpo foi molhado pelo orvalho, seus cabelos cresceram como as penas das águias e suas unhas como as garras das aves (Daniel, IV, 16-30).

No sonho de Nabucodonosor, pode-se observar a função compensadora exercendo-se em relação às ideias de grandeza do rei e a função prospectiva revelando que a situação era demasiado grave para ser reequilibrada.

Não só as doenças psíquicas, mas também as doenças somáticas refletem-se nos sonhos. Scherner cita o caso de um doente com pneumonia que sonhou ver uma fornalha cheia de chamas soprada por forte ventania. O processo inflamatório é representado pelo fogo e a respiração pelo vento. Corpo e psique, sendo inextricáveis um do outro, o sonho dirá, na sua linguagem simbólica, quando a vida estiver em perigo. Jung narra o caso de uma jovem que sonhou com um cavalo que atravessava a galope o apartamento onde ela residia, no quarto andar, e lançava-se pela janela espatifando-se no solo. Este sonho, que se seguia a outros semelhantes, permitiu a Jung confirmar o diagnóstico de uma grave doença neurológica. Pouco tempo depois, a jovem morria. A vida animal, corporal, representada pelo cavalo, galopava para a destruição. Também, sem que exista qualquer doença física, imagens referentes ao corpo frequentemente aparecem nos sonhos, traduzindo problemas psíquicos em termos somáticos.

Outro tipo de sonho é o *sonho reativo*. Acontecimentos traumáticos são revividos no sonho, tais como violentos choques de guerra, incêndios, inundações. Essas repetições processam-se de maneira autônoma, sem que a compreensão do fenômeno interrompa sua continuação. O estímulo traumático repete-se até desgastar-se.

Devem ainda ser mencionados os *sonhos telepáticos*. A existência desses sonhos é inegável, mas as leis que os regem ainda não foram descobertas no presente estado de nossos conhecimentos. Poderão ser colocados entre os fenômenos de *sincronicidade*, termo pelo qual Jung designa a coincidência significativa ou a equivalência de um estado psíquico e de um estado físico ou um acontecimento que não têm relações causais entre si.

Vistos noutra perspectiva, os sonhos serão cognominados *grandes* e *pequenos*. Os grandes são aqueles carregados de significações profundas, seja de caráter individual ou coletivo, sonhos que perturbam, infundem medo ou exaltam. Os que dizem respeito aos problemas ordinários da vida cotidiana são os pequenos sonhos.

Jung encontrou essa classificação de *grandes* e *pequenos* sonhos entre primitivos da África Oriental. Eles acreditam que só os chefes e os feiticeiros gozam do privilégio dos grandes sonhos, nos quais recebem inspiração para decidir os destinos da tribo. Mas, se acontece que um indivíduo qualquer tenha um sonho impressionante, ele deve pedir que a tribo se reúna para narrá-lo diante de todos. Charles Baudelaire, o poeta francês, separa os sonhos de maneira equivalente: "Os sonhos do ser humano são de duas classes. Uns, cheios dos problemas de sua vida ordinária, de suas preocupações, de seus desejos, de seus vícios, combinam-se de modo mais ou menos bizarro com os objetos entrevistos durante o dia em que se fixaram indiscretamente sobre a vasta tela de sua memória. Eis o sonho natural; este sonho é a própria pessoa. Mas há outra espécie de sonho! O sonho absurdo, imprevisto, sem relação nem conexão com o caráter, a vida e as paixões do sonhador! Este sonho, que eu denominarei hieroglífico, representa evidentemente o lado sobrenatural da vida." Baudelaire decerto refere-se aos *grandes sonhos*, àqueles que são feitos de imagens originadas nas camadas mais profundas da psique, tão distantes do ego consciente que, apesar de serem de natureza genuína, transmitem a impressão de tanta estranheza que lhes cabe a denominação de sobrenaturais.

Exemplo de um grande sonho. Pouco antes da Segunda Guerra Mundial, uma estudante alemã de 17 anos, que não aderira ao nacional-socialismo, está no cárcere, condenada à morte. Um medo terrível invadiu-a. Na véspera de ser executada, sonha. Ela caminha para a morte com uma criança nos braços. Perto do muro de execução, está uma outra jovem a cujos braços ela passa a criança. Ao despertar, o medo se havia dissipado completamente e a estudante morreu com honra. O sonho mostrou à jovem que ela participava de um fluir infinito, sem fim nem princípio, de algo muito maior que sua vida individual.

A entrada do sonho para o campo da ciência foi um acontecimento decisivo, uma abertura de novos caminhos. Coube a Freud esse feito, e pode se dizer que todas as ciências humanas foram influenciadas pelo seu livro *A interpretação dos sonhos*, aparecido em 1900. Daí por diante ficava demonstrado que a vida psíquica do ser humano não se passa apenas no plano consciente. Subterraneamente, forças insuspeitadas debatem-se e influem sobre seu comportamento. E os sonhos são manifestações dessas forças obscuras em ação. Não se trata de produções insignificantes e absurdas. Eles encerram sentido. É possível decifrar sua linguagem.

Nas suas pesquisas, Freud verificou que "a maioria dos símbolos oníricos são símbolos sexuais". Entretanto, ele próprio comenta: "Contrariamente às imagens oníricas, que são muito variadas, as interpretações dos símbolos são extraordinariamente monótonas. Esse fato decepciona todos que o constatam, mas não está em nossas mãos remediá-lo" (*Conferências introdutórias à psicanálise*, "Os sonhos", Freud).

Na perspectiva junguiana, a linguagem do sonho é muito mais complexa e jamais monótona. Seus elementos não se deixam reduzir a uma significação única: são ricos de múltiplos sentidos, de numerosas valências.

No sonho viaja-se da periferia para o centro da psique. Dos acontecimentos individuais pertencentes ao domínio do inconsciente pessoal para o reino das imagens arquetípicas, patrimônio comum a todas as pessoas.

"O sonho", diz Jung, "é uma porta estreita dissimulada nos recantos mais obscuros e mais íntimos da psique, aberta sobre essa noite original cósmica que já era psiquismo muito antes da existência da consciência do eu e o estende muito para além do que a consciência individual jamais terá atingido. Pois a consciência do eu é dispersa. Ela distingue fatos isolados, procedendo por separação, extração e diferenciação, e só é percebido aquilo que pode entrar em relação com o eu. A consciência do eu, mesmo quando toca de leve as nebulosas mais longínquas, é feita de enclaves bem delimitados. A consciência específica. Pelo sonho, ao contrário, penetramos no mais profundo, no mais verdadeiro, mais geral, mais duradouro do ser humano, que mergulha ainda no claro-escuro da noite original, onde formava um todo e onde o todo estava nele, no seio na natureza indiferenciada e impersonificada. E dessas profundezas, onde o universal se unifica, que nasce o sonho, mesmo quando reveste as aparências mais pueris, mais grotescas, mais imorais".

A interpretação de um sonho isolado diz quase sempre muito pouco. Convém estudar os sonhos em séries. Segundo Jung, os sonhos "são provavelmente elos visíveis de uma cadeia de acontecimentos inconscientes". Só uma série de sonhos poderá dar ideia dos processos aí em curso, de avanços, recuos, transformações, integrações. Um sonho único será uma palavra, ou talvez uma frase, de um texto desconhecido. Será insuficiente para a decifração do texto inteiro. Belo exemplo de estudo de uma série de sonhos encontra-se no livro de Jung *Psicologia e alquimia*. São 81 sonhos de um cientista contemporâneo que têm por tema o simbolismo da totalidade psíquica, interpretados em ordem cronológica.

Os sonhos constituem os melhores índices de informação das etapas que o sonhador esteja percorrendo no caminho da individuação. Assim, estar atento aos sonhos é tarefa da maior seriedade para todo aquele que aspira conhecer a si mesmo e fazer desse conhecimento a base para o desenvolvimento de sua personalidade.

Eis um exemplo de sonho revelador de um momento importante na evolução da personalidade de uma mulher.

A sonhadora vai andando pela rua, tendo à direita um gato branco e, à esquerda, um gato preto. Dados alguns passos adiante, precisamente na porta de uma carvoaria, o gato branco transforma-se em linda criança que diz à sonhadora: "Vamos à igreja!" A sonhadora emociona-se e pensa consigo mesma: nunca me ocupei da educação religiosa desse gato, ele não estudou catecismo nem fez a primeira comunhão e eis que me pede para ir à igreja. O gato preto não sofre nenhuma metamorfose, mas agora a sonhadora carrega-o no braço esquerdo, envolvido numa toalha branca. Logo se acham os três em pequena e escura capela onde não há altares nem imagens. Vê-se apenas um cão que dorme estendido no solo. De súbito, a criança transforma-se numa jovem de olhos claros, luminosos, vestida de branco. Ela se inclina para o cão e acaricia-o. A sonhadora passa o braço direito em torno dos ombros da jovem com um sentimento de intensa ternura e lhe diz: afastemo-nos, porque se o gato preto acorda e vê o cão, vai assustar-se e fugir. A jovem concorda com um movimento de cabeça, sorrindo.

Nesse sonho, o gato preto representa forças instintivas obscuras submersas no inconsciente (lado esquerdo), enquanto o gato branco, pela sua cor e por sua subsequente metamorfose, representa forças instintivas que tendem a aproximar-se da consciência (lado direito) trazendo-lhe sua significação simbólica. O processo prossegue, com a transformação do gato branco em criança, símbolo que exprime as potencialidades de desenvolvimento do *self* e que se afirma claramente por suas exigências religiosas ("vamos à igreja"). O fato de o símbolo do *self* assumir forma humana significa, segundo Jung, que pelo menos parcialmente o centro ordenador da vida psíquica está se aproximando da consciência e, ainda mais, dando à sonhadora a ordem de conduzi-lo à igreja, assume papel diretor, deixando ao ego o papel executor. Convém notar que a transformação do animal em criança ocorre na porta de uma carvoaria, local usado como depósito do produto da queima da madeira, que outra coisa não é senão carbono quase puro. O carvão tem, portanto, estreita conexão química com o diamante, que é carbono puro cristalizado e um dos mais universais símbolos do *self.*

A sonhadora, isto é, a personalidade consciente, surpreende-se de que, "sem ter estudado catecismo", o gato, agora criança, deseje ir à igreja, ou seja, que aspirações religiosas manifestem-se como impulso espontâneo. Chegados à capela, a criança metamorfoseia-se numa jovem. Isso indica que o processo psicológico está desenvolvendo-se aceleradamente: o gato branco transformou-se em criança e logo as possibilidades nela encerradas desabrocharam na imagem da jovem desconhecida. Originando-se de metamorfoses sucessivas, a jovem apresenta-se como um ser mítico, e suas características a aproximam da jovem divina, da *koré* mitológica, apta representação da personalidade superior, do *self,* quando se trata da mulher (seu equivalente no homem é figurado pelo velho sábio).

A experiência analítica demonstra que a imagem da jovem divina surge frequentemente no lado da figura da mãe divina, esta última quase sempre sob seu aspecto tenebroso. Nesse sonho, a origem da jovem divina que encarna o aspecto luminoso do *self* é, muito coerentemente, o gato branco.

A contraparte escura, porém, não se apresenta sob forma humana. Acha-se ainda amalgamada na base instintiva, apresentando-se sob a imagem do gato preto, que não sofre nenhuma metamorfose. Acresce que o gato preto dorme nos braços da sonhadora. Também dorme o cão, animal de Hécate, deusa-mãe no seu aspecto noturno e sinistro. Isto parece significar que forças instintivas opostas do mundo feminino subterrâneo ainda não atingiram condições de se defrontarem. Vendo o cão, o gato preto poderá mesmo assustar-se e fugir, isto é, escapar autônomo ao controle da personalidade consciente. A jovem divina, embora tenha acariciado o cão, contato que o poderia ter despertado, aceita que se afastem, pois não chegou ainda o momento do encontro de opostos extremos, próprio das etapas ulteriores do processo de individuação. Esse processo parece estar desdobrando-se, na sonhadora, em níveis bastante desiguais: terno encontro com a jovem divina de uma parte e, de outra, animais ctônicos que dormem profundamente. A última cena, passando-se numa capela, sublinha o caráter religioso dos fenômenos em curso. Entretanto, a capela, embora cristã, aparece sem seus altares e suas imagens. O lugar é cristão, mas a divindade presente reveste a forma pagã da *koré*. Não seria suficiente assinalar nesse sonho a presença de elementos pagãos e interpretá-los como sobrevivências de um mundo mais antigo, espécie de achados arqueológicos. A análise das produções do inconsciente, pelo método junguiano, trouxe a revelação de que os elementos arcaicos não só permanecem vivos e atuantes, mas que estão envolvidos num contínuo processo de elaboração através do tempo. Assim, não interpretaremos a presença da *koré* e dos animais dentro da igreja cristã como meros vestígios do paganismo inscritos nos estratos profundos da psique. Vemos nesses símbolos e na maneira como eles se dispõem no cenário do sonho a expressão do esforço instintivo do inconsciente para reaproximar valores que se haviam separado demais. Infelizmente para a sonhadora, esse esforço acha-se longe de sua meta. Por isso mesmo trata-se de um sonho bastante representativo da situação psíquica da mulher contemporânea ainda em caminho para a completação e integração de sua personalidade.

Leituras

C.G. Jung, *O homem à descoberta da sua alma*. Grande parte desse livro é dedicado ao estudo do sonho (pp. 287–502).

C.G. Jung, *O homem e seus símbolos*.

S. Freud, *A interpretação dos sonhos*.

R. de Becker, *Les Machinations de la nuit*, livro de leitura acessível a não especialistas, que reúne vasta documentação sobre o sonho.

Capítulo 8

Contos de fada

Os contos de fada, do mesmo modo que os sonhos, são representações de acontecimentos psíquicos. Mas, enquanto os sonhos apresentam-se sobrecarregados de fatores de natureza pessoal, os contos de fada encenam os dramas da alma com materiais pertencentes a todas as pessoas em comum. Eles nos revelam esses dramas na sua rude ossatura, despojados dos múltiplos acessórios individuais que entram na composição dos sonhos.

Os contos de fada têm origem nas camadas profundas do inconsciente, comuns à psique de todos os seres humanos. Pertencem ao mundo arquetípico. Por isso seus temas reaparecem de maneira tão evidente e pura nos contos de países os mais distantes, em épocas as mais diferentes, com um mínimo de variações. Este é o motivo por que os contos de fada interessam à psicologia analítica.

Pesquisadores modernos decifraram contos velhos de 4 mil anos, gravados pelos babilônios, hititas, cananeus, e alguns afirmam mesmo haver encontrado vestígios de certos temas, ainda hoje preservados em histórias, que remontam a 25 mil anos antes de Cristo.

As pessoas sempre gostaram de histórias maravilhosas. Não só as crianças, mas também os adultos. É salutar ouvir a narração de contos de fada e ler velhos mitos. "Mitos e contos de fada", diz Jung, "dão expressão a processos inconscientes e sua narração provoca a revitalização desses processos, restabelecendo assim conexão entre consciente e inconsciente."

Não se trata de *acreditar* nos feitos heroicos e nos encantamentos que as histórias descrevem. Essas coisas não são verdades objetivas, mas sim verdades subjetivas narradas na linguagem dos símbolos. Histórias e mitos não passarão através do crivo de exigências racionais, evidentemente. Contudo isso não impede que atinjam outras faixas para além do consciente. Obscuramente, o ser humano pressentirá que ali se espelham acontecimentos em desdobramento no seu próprio e mais profundo íntimo. São essas ressonâncias que fazem o eterno fascínio dos contos de fada.

Vejamos um exemplo de interpretação de um conto de fada.

A bela adormecida

Era uma vez um rei e uma rainha que sempre se lamentavam por não terem filhos. Certo dia, quando a rainha estava tomando banho, uma rã saltou de dentro da água e lhe disse:

"Vosso maior desejo será satisfeito. Daqui a menos de um ano, Vossa Majestade terá uma filha."

Aconteceu segundo a rã anunciou. Uma menina lindíssima nasceu. Grandes comemorações foram organizadas, inclusive um banquete para o qual o rei convidou seus parentes, cortesãos e doze fadas. Mas naquela região habitavam treze fadas e ele dispunha apenas de uma dúzia de pratos de ouro. Por isso, uma das fadas não foi convidada.

Depois do banquete, as fadas, uma a uma, ofereceram dons à princesinha: beleza, bondade, riqueza etc. Apenas a décima primeira fada havia ofertado sua dádiva, a décima terceira (a que não fora convidada) entrou no castelo furiosa e disse em alta voz: "No dia em que completar 15 anos, a princesa picará o dedo no fuso de uma roca e morrerá." Todos ficaram aterrorizados. A décima segunda fada, porém, não havia feito ainda o seu dom. Ela não tinha poder para anular o voto da fada má; a única coisa que lhe seria possível era atenuá-lo. Disse então: "Ao picar o dedo no fuso, a princesa não morrerá, mas cairá num sono profundo que durará cem anos." O rei ordenou que todas as rocas, com seus fusos, fossem queimados. Precaução inútil.

No dia em que completava 15 anos, percorrendo o castelo, a princesa notou, pela primeira vez, uma estreita escada em caracol que conduzia a uma torre aparentemente inabitada. Subiu e viu-se diante de uma mulher muito velha que fiava. "Que faz a senhora?", perguntou a princesa. "Estou fiando", respondeu a velha. "Que coisa mais engraçada", disse a jovem, "nunca vi isto." E tomando o fuso nas mãos, tentou fiar. No primeiro movimento que fez, picou o dedo. Instantaneamente adormeceu. Um sono profundo estendeu-se ao mesmo tempo sobre todos os habitantes do castelo: rei, rainha, cortesãos e pajens, servos, animais e até o fogo da lareira. Então uma alta e espessa sebe de espinhos rapidamente se ergueu, cercando o castelo e ocultando-o.

Muito se falava da bela princesa adormecida naquele estranho bosque. Príncipes e cavalheiros cada ano ali tentaram penetrar, mas os espinhos os detinham como se fossem mãos e, enredados no seu entrançado, eles pereciam.

Exatamente cem anos depois um príncipe, ouvindo contar aquelas coisas, decidiu atravessar a sebe de espinhos apesar de todos os conselhos em contrário. Apenas o príncipe aproximou-se da sebe, os espinhos abriram-lhe caminho para de novo se fecharem após sua passagem. O príncipe foi andando e vendo cavalos, cães, pombos, servos, cortesãos, o rei e a rainha, mergulhados em sono profundo. Por fim chegou à torre onde estava a princesa. Achou-a linda e beijou-a. Ela acordou sorrindo. Desceram juntos e todos os seres adormecidos despertaram simultaneamente: o rei e a rainha, cortesãos, pajens, criados, bichos, o fogo da lareira. A bela princesa e o príncipe casaram-se e foram felizes.

O rei e a rainha não tinham filhos e entristeciam-se por não deixarem sucessores ao trono. Mas eis que uma rã anuncia à rainha o acontecimento que trará nova vida àquele reino estagnado: nascerá uma princesa, diz o pequeno animal.

É frequente que um período de esterilidade preceda o nascimento dos heróis, tal como aridez e depressão costumam anteceder fases de intensa atividade do inconsciente. Muitos artistas criadores já descreveram esse fenômeno.

A rã é um animal que tem múltiplas conexões com a fertilidade. O coaxar das rãs anuncia a primavera, a exuberância da natureza, o desejo sexual, tanto assim que esses animais, nos tempos antigos, eram usados como amuletos para provocar amor e fecundidade. No nosso conto, a rã, surgindo na água do banho, poderá mesmo ser subentendida como o órgão masculino que fecunda a rainha.

A rã, diz Jung, entre os animais de sangue frio é aquele que pelo aspecto de seu corpo maior semelhança apresenta com a forma humana. Daí exprimir, no simbolismo dos sonhos, impulsos do inconsciente possuidores de forte carga energética que tendem a se tornar conscientes. Assim, do fundo do inconsciente, algo importante vem à luz. Nasce a heroína do conto.

Uma fada deixa de ser convidada para o banquete comemorativo do feliz acontecimento. Este é um motivo recorrente em muitos contos. Se os deuses e deusas, se as fadas representam conteúdos do inconsciente coletivo e se um deles foi esquecido ou, por causas diferentes, não foi tomado em consideração, isso significa que surgirão desarmonias e perturbações dentro do sistema psíquico. Todo o sistema sofre em seu conjunto quando um de seus núcleos vitais é desatendido. A fada omitida surge de repente e transtorna a festa, lançando sobre a princesa terrível maldição. Ressentida, ferida em seus sentimentos, na sua vaidade e talvez também no seu desejo de ser aceita e amada, a fada encoleriza-se violentamente. A pequena princesa morreria aos 15 anos. Seria de fato uma tremenda vingança. Morta a princesa, apenas púbere, ela regrediria ao mundo subterrâneo, ao mundo das grandes matriarcas. Não poderia ocorrer seu encontro com o homem e aquele reino estagnado em breve estaria extinto. Mau humor, cólera, decorrentes de decepções sentimentais, são frequentes nas mulheres. (Tudo quanto a mulher ressentida pode arquitetar como vingança foi modernamente focalizado pelo dramaturgo F. Dürrenmatt nas peças *A visita da velha senhora* e *Os físicos*.) Outra fada atenua a maldição, transformando a morte em sono. Sono e Morte – *Hipnos* e *Thânatos* – eram venerados como deuses irmãos. O sono é uma morte transitória e a morte é o sono eterno. Na interpretação do conto, a morte seria a completa repressão do conteúdo do inconsciente, representado pela princesa, enquanto o sono durante um século indica que um longo período de repressão decorrerá ainda, antes que esse conteúdo possa atingir a consciência. Que aspecto da natureza feminina tem sido mais reprimido na nossa civilização cristã? Sem dúvida, o da sexualidade. Muito mais que sobre o homem, pesam sobre a mulher as sanções que obrigam a repressão do instinto sexual. Note-se que a heroína do conto adormece na data em que completa 15 anos, marco na vida de toda jovem, indicativo de que ela se tornou apta para a procriação.

No dia de seu aniversário, a princesa descobre a velha fiandeira, cuja existência havia sido esquecida (tal como a décima terceira fada, com quem se identifica), motivo por que sua roca não fora destruída segundo as ordens do rei. E apenas segura o fuso, fere o dedo. O ato de fiar está estreitamente vinculado à feminilidade. É atributo das deusas-mães, que tecem a trama da vida, o destino, que sem cessar agrupam e organizam os elementos da natureza. O fuso, pela sua forma, tem características fálicas evidentes. Está sempre associado à roca como parte indispensável da atividade feminina de tecer novas vidas, tecer "os tecidos" do corpo (Neumann).

Iniciar-se na arte de fiar significaria simbolicamente iniciar-se na vida sexual. A velha feiticeira instruiria a princesa. Mas essa iniciação desencadeia o castigo. O conto reflete, portanto, uma condição coletiva onde não só são negados à mulher direitos elementares em relação à sua vida instintiva como até se revelam conexões entre a sexualidade feminina, o mal e o castigo, bem características da civilização patriarcal e cristã. Essa situação coletiva causa estagnação no desenvolvimento da psique da mulher e produz reações agressivas forjadas pelo seu componente masculino, reações que no conto se exprimem pela sebe de espinhos.

Cem anos mais tarde, chega o príncipe e diante dele os espinhos abrem caminho. Não é necessário sustentar luta contra quaisquer obstáculos. Daí a cem anos, num futuro distante, a situação coletiva refletida pelo conto mudará.

Do ponto de vista da psicologia masculina, o conto nos revela que o príncipe, decidindo-se a ir em busca da bela adormecida, apesar dos conselhos em contrário, rompe os laços familiares que o prendiam. Chegou o tempo de libertar a cativa, a mulher desconhecida, do sono em que a Mãe Terrível a mantinha prisioneira. Assim fazendo, ele está libertando sua própria contraparte feminina, o complemento de sua personalidade. Unindo-se à mulher que ele libertou, o herói cumpre o requisito necessário para completar sua personalidade e estabelecer seu próprio reino. (Na interpretação deste conto, baseamo-nos principalmente em notas de conferências da Dra. M. L. von Franz, feitas no Instituto C.G. Jung em Zurique.)

A Dra. M. L. von Franz, depois de estudar durante vários anos os contos de fada das mais distantes proveniências, chegou à conclusão de que todos esses contos descrevem o mesmo tema, sob múltiplas variações; o mesmo acontecimento fundamental, isto é, *a busca da totalidade psíquica*. Os diferentes contos dão ênfase maior ou menor às diversas etapas desse processo em constante desdobramento.

Leituras

M. L. von Franz, *Archetypal Patterns in Fairy Tales*.
E. Neumann, *Eros e Psiquê: amor, alma e individuação no desenvolvimento feminino*.
J. L. Henderson, "A bela e a fera", em C.G. Jung, *O homem e seus símbolos*.
Luís da Câmara Cascudo, *Contos tradicionais do Brasil*.
Manoel Cavalcanti Proença, *Literatura popular em verso* (seleção).

Capítulo 9

Mitos

Que significação poderá ter para o ser humano da era atômica a narração dos feitos de deuses nos quais ele não crê, ou das aventuras de heróis que os atuais astronautas ultrapassaram? Nenhuma, aparentemente. Entretanto, os mitos continuam a fascinar. Os estudos e as pesquisas recentes no campo da mitologia multiplicam-se, conduzidos não só por psicólogos, mas igualmente por antropólogos e sociólogos. Mesmo livros de qualidade duvidosa, pseudocientíficos e romanceados, desde que tratem de mitos, encontram sempre público ávido. Esse interesse crescente por temas que se desenvolvem num plano tão distante da realidade pragmática de nossos dias dará alguma indicação sobre a psicologia do indivíduo ocidental moderno? Será talvez um fenômeno de compensação ao extremado racionalismo de nossa época? O leitor poderia deter-se aqui um instante, considerando essas perguntas.

A mais antiga das interpretações da mitologia é o evemerismo (Evêmero, filósofo grego do século IV antes de Cristo). Os mitos seriam a transposição de acontecimentos históricos e de suas personagens para a categoria divina. Ainda no século XIX houve mitólogos que continuaram sustentando que a mitologia grega era a história de épocas remotas, elaborada pelos sacerdotes, com a intenção deliberada de transformar heróis humanos em deuses.

Outra maneira de interpretar os mitos foi entendê-los como alegorias de fenômenos da natureza que o ser humano se esforçava para compreender. É a teoria naturalista. Originária também da antiguidade grega, essa teoria foi defendida até começos do século XX e talvez ainda hoje conte partidários.

A abordagem do mito pelos especialistas modernos é muito diversa. Estes não os consideram narrações históricas reelaboradas fantasiosamente, nem tampouco tentativas para explicar fenômenos da natureza. Os mitólogos modernos veem no mito a expressão de formas de vida, de estruturas de existência, ou seja, de modelos que permitem ao ser humano inserir-se na realidade. São modelos exemplares de todas as atividades humanas significativas. Os mitos nas sociedades primitivas, escreve Malinowski, "são a expressão de uma realidade original mais poderosa e mais importante através da qual a vida presente, o destino e os trabalhos da humanidade são governados".

A interpretação que Jung faz dos mitos acrescenta aos conceitos dos especialistas modernos dimensões mais profundas. Segundo Jung, "os mitos são principalmente fenômenos psíquicos que revelam a própria natureza da psique".

Resultam da tendência incoercível do inconsciente para projetar as ocorrências internas, que se desdobram invisivelmente no seu íntimo, sobre os fenômenos do mundo exterior, traduzindo-as em imagens. Assim, "não basta ao primitivo ver o nascer e o pôr do sol; essa observação externa será ao mesmo tempo um acontecimento psíquico: o sol no seu curso representará o destino de um deus ou herói que, em última análise, habita a alma do ser humano".

Os mitos condensam experiências vividas repetidamente durante milênios, experiências típicas pelas quais passaram (e ainda passam) os seres humanos. Por isso temas idênticos são encontrados nos lugares mais distantes e mais diversos. A partir desses materiais básicos é que sacerdotes e poetas elaboram os mitos, dando-lhes roupagens diferentes, segundo as épocas e as culturas.

Tomemos para exemplo o mito do dragão-baleia. Em suas numerosíssimas versões, esse mito segue um curso constante. Na primeira etapa, o herói, respondendo ao apelo da aventura, desvincula-se dos laços da família e das rotinas fáceis da vida cotidiana. Enfrenta perigos terríveis. Acaba sendo devorado por uma baleia monstruosa, o que significa mergulhar no inconsciente, no mundo ardente dos desejos, das emoções, dos instintos, onde coexiste toda sorte de escórias junto a valores preciosos. Aí dentro ele faz "a travessia marítima noturna". A saída do herói através da goela da baleia simboliza sua libertação das trevas da inconsciência. Ele conseguiu escapar do redemoinho dos desejos e das emoções. Poderá tomar alguma distância dos tumultuosos acontecimentos que antes o arrastavam como a um autômato. Pensa, raciocina, renasce num nível superior de consciência. O mito encarna o ideal de todo ser humano: a conquista da própria individualidade.

Entretanto, diz Jung, a eficácia do feito heroico tem breve duração. Os sofrimentos do herói renovam-se incessantemente, pois se de uma parte o atrai a conquista de níveis de consciência mais altos, de outra parte também o fascina a volta ao inconsciente, que tem as seduções do abraço materno. Ele sofre, dividido por forças opostas. A luta pela vitória da consciência é o eterno combate de todo ser humano.

Em muitas versões desse mito, principalmente nas mais antigas, o homem que encarna o herói apresenta-se dotado de audácia e valentia extraordinárias, mas noutras versões ele é uma pessoa comum. Não aspira realizar façanhas invulgares. E quando o apelo se faz sentir, resiste, como sucedeu no caso de Jonas. Ir pregar em Nínive, a esplendorosa e devassa capital da Assíria, conforme lhe ordenava a Grande Voz? Jamais ousaria tanto. Fugiu para Társis numa tentativa de escapar de si mesmo.

Mas a tempestade se levanta, Jonas é lançado ao mar, engolido pela baleia e três dias e três noites depois é depositado pelo animal exatamente nas proximidades de Nínive. Jonas não conseguiu desertar.

Outros lançam-se à aventura, porém uma vez engolidos pelo dragão-baleia não conseguem sair de seu ventre. São destroçados ou perdem-se nos labirintos escuros das entranhas do monstro (esquizofrenia).

O regresso é sempre difícil e frequentemente só se processa com ajudas imprevistas (fio de Ariadne para Teseu, assistência de Minerva para Jasão, socorro de Jeová para Jonas).

A volta do herói, ou daquele que foi levado, por circunstâncias diversas, a viver o papel do herói, é sempre um triunfo. Símbolos solares (pássaros) frequentemente dão ênfase ao acontecimento, indicando por sua presença que a saída do herói do ventre do monstro equivale ao nascer do sol, isto é, equivale a nascer de novo.

Os temas míticos não são encontrados somente nas mitologias dos povos antigos ou entre grupos humanos primitivos. Não mitos de contexto coordenado e elaborado, mas componentes típicos de mitos continuam emergindo do inconsciente, cada noite, nos sonhos de homens, mulheres e crianças contemporâneos. Surgem reativados pelas condições atuais do sonhador, que despertam ressonâncias de experiências semelhantes já vividas pela espécie humana. Outras produções do inconsciente, tais como visões, alucinações, delírios, trazem sempre de permeio componentes míticos. A constatação repetida dessas ocorrências, sem que conhecimentos anteriores os pudessem explicar, levou Jung a admitir que devem estar presentes nas profundezas do inconsciente os moldes básicos para a formação dos mitos (arquétipos).

No curso da análise psicológica muitas vezes surgem sonhos e fantasias figurando personagens e situações míticas que são adequadas representações da condição psíquica atual do sonhador e mesmo de suas perspectivas futuras.

Por exemplo, não é raro que o mito do herói citado acima apresente-se sob aspectos vários e que típicos perigos míticos (encontro com monstros, viagens marítimas tempestuosas etc.) sejam vivenciados em sonhos. A epifania interior do herói, assinala Jung, tem consequências na vida real. É acompanhada de fenômenos de inflação: o indivíduo passa a julgar-se dotado de altas qualidades, sente-se superior aos demais; ou então a impossibilidade de satisfazer a pretensões excessivas demonstra ao indivíduo a própria inferioridade e ele assume o papel de sofredor heroico. Estes são fatos de observação corrente. Se, por intermédio do trabalho analítico, os processos inconscientes chegarem a ser confrontados e o ego despojar-se da identificação com a imagem arquetípica do herói, "abre-se a possibilidade para a síntese de elementos de conhecimento e de ação do consciente e do inconsciente. Isso por sua vez conduz ao deslocamento do centro da personalidade do ego para o *self*" (Jung).

Sem a ajuda da mitologia, nunca será entendida grande parte dos desejos e alucinações dos psicóticos. Inutilmente procuraremos encontrar a origem de todas as ideias fantásticas dos loucos em suas experiências individuais. Muita coisa escapará inevitavelmente às buscas nessa direção, pois nas psicoses a inundação do campo da consciência pelo inconsciente traz de roldão conteúdos oriundos de suas camadas mais profundas, de seus fundamentos estruturais, conteúdos que são precisamente os materiais básicos dos mitos.

Do ponto de vista da psicologia analítica, portanto, o estudo da mitologia não será diletantismo de eruditos. Faz parte indispensável do equipamento de trabalho de todo psicoterapeuta.

Leituras

C.G. Jung, *Símbolos da transformação*, Obra Completa Vol. 5. Nesse livro, a análise de um caso fronteiriço de esquizofrenia dá ao autor oportunidade para ir buscar na mitologia e na história das religiões ampla colheita de paralelos simbólicos. O mito do herói é particularmente estudado.

C.G. Jung e C. Kerényi, *Introduction to a Science of Mythology*. Encontram-se nesse livro generalidades sobre os mitos e a apresentação dos temas míticos da Criança Divina e da Jovem Divina, por C. Kerényi. Os correspondentes comentários psicológicos são de C.G. Jung.

J. Campbell, *O herói de mil faces*. O autor estuda o mito do herói em suas múltiplas variantes.

Capítulo 10
Alquimia

O interesse da psicologia junguiana pela alquimia provoca habitualmente ainda maior estranheza que o interesse pelos contos de fada e pela mitologia. Alquimia? Por quê? Se a alquimia é um amontoado de incongruências, de fórmulas mágicas rebarbativas, com efeito não se entende que em plena segunda metade do século XX possa despertar a atenção de cientistas, salvo talvez na perspectiva histórica de uma espécie de pré-química. A noção vulgar que se tem do alquimista é a de um indivíduo extravagante e ambicioso, obcecado pela ideia impossível de transmutar o cobre ou o mercúrio em ouro. As descobertas da física moderna obrigaram a uma revisão desse julgamento. Passou-se a admirar a profunda intuição dos alquimistas quanto às possibilidades de transmutação da matéria. Max Planck, um dos grandes da física moderna, escreve: "Atualmente, depois da descoberta da radioatividade artificial, já não nos parece absolutamente impossível a invenção de um processo que afaste um próton do núcleo do átomo de mercúrio e um elétron de sua cinta, o que transmutaria o átomo de mercúrio em átomo de ouro; no estado atual da ciência o problema dos alquimistas cessa, pois, de ser um falso problema." Não nos move, porém, o objetivo da reabilitação dos alquimistas no terreno da física. O que interessa à psicologia é o conteúdo simbólico do "trabalho alquímico" (*Opus alchymicum*).

Foram os místicos (referimo-nos aos indivíduos atentos às experiências religiosas internas) os primeiros a discernir, sob a linguagem bizarra e mesmo propositalmente obscura dos alquimistas, significações profundas. Evelyn Underhill, no seu livro *Misticismo*, distingue três diferentes expressões da inquietação do ser humano na busca de Deus. Uma encontra sua representação no peregrino que parte à procura da terra da bem-aventurança; outra, no amante ansioso por unir-se ao Supremo Amor; enquanto aqueles que escolhem o terceiro caminho aspiram, antes de tudo, transformarem-se, purificarem-se interiormente. De todos os sistemas que descrevem simbolicamente o terceiro caminho, diz Evelyn Underhill, "nenhum é tão completo, tão vivo e colorido e tão pouco compreendido quanto o dos filósofos herméticos ou alquimistas espirituais". Os místicos sempre entenderam que o verdadeiro laboratório alquímico era o próprio ser humano. O *homem natural* era comparável aos metais vis. A meta seria transformá-lo no *novo homem*, que corresponderia ao ouro, o metal puro por excelência. Os psicólogos, obviamente, nunca concederam atenção à versão que os místicos davam da alquimia, nem tampouco cogitaram de encontrar outra interpretação que melhor satisfizesse ao espírito científico.

Quem primeiro se aventurou, sozinho, por esse obscuro território, com o propósito de sondagens psicológicas, foi Herbert Silberer, psicanalista do grupo que se reuniu em torno de Freud e falecido ainda muito jovem.

Coube a Jung trazer para a psicologia a rica colheita encerrada nos símbolos da alquimia. Como sempre ocorreu nas suas descobertas, o ponto de partida foi a observação empírica. Uma cliente sonhou com uma águia que voava muito alto e de repente, voltando a cabeça para trás, comia as próprias asas, descendo a seguir sobre a terra. Decerto esse sonho continha dados suficientes para ser interpretado por Jung, mas o motivo da águia comendo as asas deixou-lhe persistente impressão. Por acaso, tempos depois, viu uma série de gravuras referentes à alquimia e de súbito defrontou-se com a representação de uma águia que comia as próprias asas. A coincidência impressionante estimulou o espírito de pesquisa de Jung. Daí por diante, passou a examinar curiosamente livros de alquimia, mas logo desanimava ante as dificuldades de entender aquela linguagem abstrusa, até que, por fim, decidiu-se a aplicar aos textos alquímicos os métodos que a filologia emprega para a decifração das línguas desconhecidas. "Esta foi uma tarefa que me absorveu por mais de uma década", diz Jung em suas *Memórias*.

Os textos herméticos tornavam-se agora legíveis. Naqueles empoeirados volumes Jung verificou, surpreendido, que o "grande trabalho" descrito pelos alquimistas correspondia exatamente ao processo de individuação que ele desvendara nas profundezas do inconsciente. *Opus* alquímico e processo de individuação eram "fenômenos gêmeos". Os trâmites de ambos ajustavam-se passo a passo. Na busca da *pedra filosofal*, a primeira etapa do trabalho alquímico é o *nigredo*, quando a matéria está no estado de *massa confusa*. O *nigredo* corresponde ao encontro com a *sombra* em sentido psicológico. Seguem-se complicados procedimentos de lavagem, solução, separação de elementos etc., a parte mais árdua de seu trabalho segundo os alquimistas. A seguir é atingida a segunda etapa, denominada *albedo*.

Aqui a lua rege os fenômenos. Em termos psicológicos, o adepto estaria na condição do encontro com o princípio feminino (*anima*). Aquecimento intenso muda o *albedo* em *rubedo*. O sol surge. O vermelho e o branco são o Rei e a Rainha, que celebram suas núpcias nesta terceira etapa. Unem-se os opostos, os princípios masculino e feminino internos. Assim é obtida a *pedra*, cuja unidade resulta da fusão dos opostos extremos. O alquimista teria realizado a totalização psíquica, ou seja, a individuação. A *pedra* é homóloga do *self*.

Como se poderia explicar essa inesperada coincidência entre o "grande trabalho" alquímico e o processo de ordenação e totalização psíquica?

A hipótese de Jung é que o alquimista projetava sobre os materiais manipulados acontecimentos em curso no seu inconsciente. Essas projeções se afiguravam ao alquimista propriedades da matéria, mas de fato, no seu laboratório, o que ele experienciava era o próprio inconsciente.

A ocorrência de projeções psíquicas sobre a matéria nas experiências científicas é um fenômeno geralmente aceito. O filósofo Gaston Bachelard (1884–1962) aborda-a do ângulo da epistemologia. Face à experiência inicial, ainda não trabalhada pela crítica, diz Bachelard, "aquilo que se apresenta de imediato está em nós mesmos, são nossas surdas paixões, nossos desejos inconscientes". Bachelard relembra suas observações quando professor de química: "Ensinando química, pude constatar que, na reação do ácido e da base, a quase totalidade dos alunos atribuía o papel ativo ao ácido e o papel passivo à base. Escavando um pouco no inconsciente, não se tarda a perceber que a base é feminina e o ácido masculino." E fenômenos equivalentes, embora mais complexos, afirma ele, continuam acontecendo. A epistemologia de Bachelard é dedicada em larga parte ao estudo das múltiplas influências psicológicas que interferem no ato de conhecer e o perturbam.

A física moderna reconhece o problema das projeções psíquicas na investigação científica. Jean Charon, autor da *Teoria unitária do universo*, diz mesmo que o ideal de separar inteiramente observador e coisa observada é inacessível.

No caso dos alquimistas, eles desconhecem por completo a constituição da matéria, não há dados objetivos que os retenham. Por isso, tanto mais facilmente a matéria tornou, na expressão de Jung, espelho da psique do investigador. E, o que é ainda interessante para o psicólogo, a projeção de conteúdos do inconsciente vem, na alquimia, acompanhada de especulações teóricas que equivalem a amplos desenvolvimentos associativos.

Desde que os símbolos alquímicos originam-se no inconsciente, serão reencontrados nos sonhos e imaginações das pessoas de todas as épocas.

Na primeira parte do livro *Psicologia e alquimia*, Jung estudou o simbolismo de sonhos individuais em relação com a alquimia. Na segunda parte do mesmo livro, por meio de vasta documentação, assinala na alquimia uma corrente subterrânea oposta ao cristianismo, dominante na periferia. A decifração dos textos alquímicos revela, na opinião de Jung, a existência de movimentos do inconsciente no sentido de aproximar opostos extremos: o mundo matriarcal ctônico e o mundo patriarcal, a matéria e o espírito. O cristianismo polarizava-se em direção ao espírito. O alquimista intenta redimir a matéria. Cristo havia salvo o ser humano, isto é, o Microcosmo, mas não o Macrocosmo. O alquimista trabalhava para ampliar a obra de Cristo, libertando a "alma do mundo" (*anima mundi*), que estaria aprisionada na matéria. Debruçando-se compassivamente sobre a matéria, o alquimista estava inconscientemente procurando compensar o unilateralismo da posição cristã.

Leituras

C.G. Jung, *Psicologia e alquimia*, Obra Completa Vol. 12. Obra fundamental. De acesso um pouco difícil, mas o esforço empregado para estudá-la é largamente compensado pelos conhecimentos que serão adquiridos e pelas novas perspectivas que se abrirão diante do leitor. O primeiro capítulo – "Introdução à problemática da psicologia religiosa da alquimia" – é um dos mais belos escritos de Jung. Segue-se a interpretação do simbolismo dos sonhos de um cientista contemporâneo em relação com a alquimia. Na última parte do livro, é feita a supervisão dos conceitos básicos da alquimia e focalizada a natureza psíquica do trabalho alquímico.

Mircea Eliade, *Ferreiros e alquimistas*. Livro de leitura acessível sobre a alquimia como técnica pré-científica e mística.

Capítulo 11
Religião como função psíquica

Do ponto de vista de Jung, a religiosidade é uma função natural, inerente à psique. Fenômeno universal, a religião é encontrada desde os tempos mais remotos em cada tribo, em cada povo. Dir-se-ia mesmo que a religião é um instinto.

A divergência entre Jung e Freud, nesse assunto, é absoluta. Para Jung, a religião apresenta-se como um fenômeno genuíno; para Freud é um derivado do complexo paterno e uma das sublimações possíveis do instinto sexual.

Jung toma atitude positiva em relação às religiões. Todas são válidas na medida em que recolhem e conservam as imagens simbólicas oriundas das profundezas do inconsciente e as elaboram em seus dogmas, promovendo assim conexões com as estruturas básicas da vida psíquica. Essas conexões são de tanta importância que Jung, fundamentado no seu trabalho de psicoterapeuta, chegou à seguinte conclusão: "Entre todos os meus doentes na segunda metade da vida, isto é, tendo mais de 35 anos, não houve um só cujo problema mais profundo não fosse constituído pela questão de sua atitude religiosa. Todos, em última instância, estavam doentes por ter perdido aquilo que uma religião viva sempre deu em todos os tempos a seus adeptos, e nenhum curou-se realmente sem recobrar a atitude religiosa que lhe fosse própria. Isto, está claro, não depende absolutamente de adesão a um credo particular ou de tornar-se membro de uma igreja."

Jung usa a palavra religião no sentido de *religio* (*re* e *ligare*), tornar a ligar. Religar o consciente com certos fatores poderosos do inconsciente a fim de que sejam tomados em atenta consideração. Esses fatores caracterizam-se por suas fortíssimas cargas energéticas e intenso dinamismo. Aqueles que os defrontam falam de uma emoção impossível de ser descrita, de um sentimento de mistério que faz estremecer (*mysterium tremendum*). Para designar essa vivência R. Otto criou o termo *numinoso* ou *experiência do numinoso*, expressão que Jung adotou.

Todas as religiões originam-se basicamente de encontros com esses fatores dinâmicos do inconsciente, seja em sonhos, visões ou êxtases. Esses fatores apresentam-se encarnados em imagens dos mais diversos aspectos: deuses, demônios, espíritos.

Jung reconhece "todos os deuses possíveis e imagináveis, sob a condição única de que sejam ou tenham sido atuantes no psiquismo do ser humano".

Não importa que "todas as afirmações religiosas sejam impossibilidades físicas". O psicólogo que estuda os fenômenos religiosos terá, preliminarmente, de desembaraçar-se "do estranho preconceito que somente considera verdadeiro aquilo que se apresenta ou se apresentou na forma de um dado físico [...] o critério de uma verdade não é apenas seu caráter *físico*: há também verdades *psíquicas* que, do ponto de vista físico, não podem ser explicadas ou demonstradas, nem tampouco recusadas" (Jung).

Como toda função, a religiosidade é suscetível de ser desenvolvida, cultivada e aprofundada, e poderá também ser negligenciada, deturpada ou reprimida.

Toda função busca sempre maneiras de expressão, encontra a todo preço canais para dar escoamento a sua carga energética. Assim é que, em lugar das imagens divinas antigas, outros objetos passaram a ser reverenciados.

William James fez a observação pertinente de que os cientistas, embora concedessem importância primordial aos fatos objetivos, nem por isso haviam perdido o sentimento religioso: "Essa importância é em si mesma quase religiosa. Nosso temperamento científico é devoto."

O século XX conhece grandes ídolos: raça, sexo, Estado, partido, dinheiro, máquina...

A partir de Léger, a máquina tornou-se um objeto fascinante para pintores e desenhistas. O automóvel, sem dúvida, é um ídolo: "Basta visitar o salão anual do automóvel para reconhecer ali uma manifestação religiosa profundamente ritualizada. O culto do veículo sagrado tem seus fiéis e seus iniciados" (A. Greeley). No seu famoso relatório de 1956, N. Khrushchev escreveu que o *culto da personalidade* faz "de tal ou qual dirigente um herói, um taumaturgo". As *procissões* conduzindo enormes cartazes com retratos de dirigentes políticos, o culto dos mortos, as mais pomposas cerimônias fúnebres jamais vistas constituem, nos Estados ateus, impressionantes manifestações da função religiosa.

Uma série de deuses e deusas vem desfilando ante nossos olhos. Primeiro as estrelas de cinema. "Essas estrelas são quase deuses e deusas, e a mais perfeita dentre elas, Greta Garbo, recebeu a denominação de Divina. Encarnam grandes arquétipos elementares: a paixão do amor (Valentino, Garbo), o apelo fatal do sexo (as *vamps*, os belos tenebrosos), a virgindade da eterna jovem divina (Mary Pickford)", escreve o diretor de pesquisas do Centre National de la Recherche Scientifique (CNRS), Edgar Morin. Outros *olímpicos* são os grandes do futebol, os Beatles, os cantores de rádio. Eles levam ao delírio imensas multidões. A carta de um fã ao ídolo francês da canção Johnny Hallyday resume tudo: "Tu és um deus, tu és um demônio, tu és aquele que nós esperávamos!"

Uma das mais importantes manifestações da função religiosa no mundo moderno parece-nos ser o crescente consumo do LSD. O estudo do assunto permite admitir que aqueles que recorrem ao LSD o façam mais na tentativa de descobrir novas dimensões na realidade do que de simplesmente fugir ao cotidiano. Os relatos de experiências com o LSD estão cheios de descrições de vivências muito semelhantes àquelas experimentadas em estados místicos. E o ser humano moderno parece faminto dessas experiências.

A linguagem das religiões é feita de símbolos. E esses símbolos, ao longo dos tempos, sem dúvida têm atuado profundamente sobre a vida das pessoas. Merecem a atenção do psicólogo. Jung interessou-se pelos símbolos de todas as religiões da humanidade, tanto do Ocidente quanto do Oriente. Mas ocupou-se especialmente dos símbolos cristãos, pois, quer aceitemos ou não o cristianismo como religião, a verdade é que há dois mil anos vivemos mergulhados na "civilização cristã".

Em 1948, Jung publicou um longo estudo sobre o símbolo da Trindade. Referindo-se àqueles que não admitem que os símbolos cristãos sejam analisados psicologicamente, ele pergunta "se não seria muito mais perigoso que os símbolos cristãos se tornassem inacessíveis à reflexão, sendo banidos para uma esfera de sacrossanta ininteligibilidade. Facilmente eles se afastariam tanto de nós que sua irracionalidade se transformaria em absurda insensatez. A fé é um carisma não concedido a todos, mas o ser humano possui o dom do pensamento, que lhe permite lutar em busca das coisas mais altas."

Seu ponto de partida é a consideração de que a Trindade, símbolo central do cristianismo, certamente encerra significação psicológica viva. Do contrário já teria sido relegada ao esquecimento como um anacronismo.

A concepção trinitária da divindade não é peculiar ao cristianismo. Jung mostra que paralelos pré-cristãos podem ser encontrados na Babilônia, no Egito, na Grécia, indicando que a trinitariedade é um arquétipo que tem evoluído no curso dos séculos.

O desenvolvimento da imagem de Deus de Uma para Três Pessoas, dentro do cristianismo, é importante, segundo Jung, para a compreensão do indivíduo ocidental. Esse desenvolvimento corresponde a três etapas evolutivas da psique.

O criador, o Pai, representa essencialmente a unidade original. Deus, o mundo e o ser humano formam um todo intocado por qualquer reflexão crítica. É o mundo do ser humano no seu estado infantil.

Pouco a pouco tornam-se perceptíveis à consciência do ser humano as contradições, o bem e o mal, dentro do mundo do Pai. A criação apresenta-se, aos olhos do indivíduo, imperfeita. Surge então o Filho, o salvador, para redimir o mundo do mal. A coroação da obra do Filho é a revelação ao homem do segredo do Espírito Santo – atividade viva comum ao Pai e ao Filho. O Espírito Santo permanecerá junto aos discípulos e os iluminará. Deus chega bem perto do ser humano. A revelação desse terceiro elemento restaura o Um sem desfazer a Trindade.

"A Trindade é indubitavelmente uma forma mais alta do conceito de Deus que a mera unidade, pois corresponde a um nível de reflexão superior da consciência do ser humano" (Jung).

Fatores em atividade num dado momento do desenvolvimento da psique foram configurados segundo um molde típico – o arquétipo trinitário.

Entretanto a exploração em profundeza do inconsciente ensina que os símbolos ternários são símbolos incompletos. A totalidade exprime-se em símbolos quaternários.

O que falta para completar a Trindade?

As Três Pessoas Divinas são perfeitas. O mal está excluído do conceito cristão de Deus, que é, por definição, o *summum bonum*, também está excluído desse conceito o princípio feminino, pois a Trindade tem caráter exclusivamente masculino. (Jung desenvolve longas considerações sobre esse tema não só no estudo referente à Trindade mas também no livro *Aion* e em *Resposta a Jó*.)

O inconsciente não permanece estático. Aspiração crescente no seio da Igreja Católica, em 1950, foi promulgado o dogma da Assunção de Maria. Segundo Jung, esse acontecimento significa satisfação a exigências do arquétipo da quaternidade, muito embora o dogma não implique que a Virgem haja atingido o *status* de deusa.

Observe-se que, enquanto as Três Pessoas Divinas são espíritos, são seres imponderáveis, a Virgem é frequentemente associada à terra, ao corporal. Santo Agostinho toma a terra como símbolo da Virgem ("A verdade surgiu da terra porque Deus nasceu da Virgem."). E, nas ladainhas, ela é invocada com as qualificações de *hortus conclusus* e de jardim fechado. Note-se ao mesmo tempo que, no cristianismo, a ideia do mal acha-se estreitamente correlacionada à matéria (terra) e à mulher. Na *matéria-prima* dos filósofos da natureza medievais está presente uma qualidade venenosa que representa o princípio do mal.

No nível consciente, o cristianismo venera na Virgem a imaculada, a luz puríssima. Ela não tem sombra. Entretanto, quem examinar a iconografia mariana ficará surpreendido de encontrar tantas Virgens negras e tão devotamente honradas. A padroeira do Brasil, N. S. Aparecida, é uma Virgem negra. Poder-se-á argumentar que no Brasil é muito grande a representação da raça negra. Mas o mesmo não se poderá dizer da Suíça, onde a bela basílica barroca de Einsiedeln é dedicada a uma Nossa Senhora negra. A Polônia tem sua Virgem negra. Nossa Senhora de Smolensk (Rússia) é negra. Na cripta da catedral de Chartres, distante poucos quilômetros de Paris, é venerada Notre-Dame du Pilier, negra. E o mesmo acontece em muitas cidades da França: Marselha (abadia de Saint-Victor), Le Puy (catedral de Notre-Dame), Clermont-Ferrand (igreja Notre-Dame du Pont), Vichy (igreja de Saint-Blaise), Moulins (catedral, tríptico), Mauriac (igreja de Notre-Dame des Miracles), Rocamadour (capela da Virgem). É como se o inconsciente projetasse sobre essas imagens cor-de-terra o aspecto telúrico da Virgem, ou seja, a sombra do princípio feminino.

Cabe aqui sugerir ao leitor que reflita um momento sobre a crescente devoção a Iemanjá no Brasil, sobretudo no Rio de Janeiro, primeiro centro cultural do país. Iemanjá é uma divindade de origem africana; deusa-mãe boa, generosa, mas também capaz de violentas paixões, terrivelmente ciumenta e às vezes até cruel. Seus devotos identificam-na com N. S. da Conceição. De fato, porém, seus atributos coincidem menos com os de Maria que com as características da sombra da mulher ausentes na Virgem. Poder-se-ia propor uma hipótese para estudo: o culto brasileiro de Iemanjá não seria um mero fenômeno de regressão como se afigura à primeira vista. Talvez exprima o anseio de força do inconsciente para integrar na Imaculada atributos da divindade iorubá, plasmando uma imagem feminina mais completa.

Não será decerto por acaso que a obra do pensador católico Teilhard de Chardin, portador de ideias referentes à matéria absolutamente novas para o cristianismo, só tenha podido ser publicada a partir de 1955: "A Matéria puramente inerte, a Matéria totalmente bruta não existe." Deslumbrado, discerne na intimidade da matéria uma consciência elementar em atividade. Usa sempre do M maiúsculo para nomear a matéria e canta-lhe hinos: "Louvada sejas, áspera Matéria [...] perigosa Matéria... poderosa Matéria" etc. "Eu te saúdo, Meio divino, carregado de Poderes Criadores, Oceano agitado pelo Espírito, Argila plasmada e animada pelo Verbo encarnado."

Se conseguirmos perceber, mesmo obscuramente, os movimentos das forças inconscientes em nosso tempo, poderemos vislumbrar que suas correntes ascendentes trazem para o alto a matéria e a mulher, pressionando o consciente que durante tantos séculos depreciou-as e rejeitou-as.

Vimos (Capítulo 6) que o *self* é definido como o arquétipo da totalidade e fonte de energia. A energia que emana do *self* é tão forte que o encontro com esse arquétipo constitui a experiência mais intensa e mais profunda que o ser humano pode vivenciar. A essa experiência, carregada de qualidades a um tempo terríveis e fascinantes, o ser humano chamou Deus. Os sentimentos que a acompanham variam desde o terror às alegrias da bem-aventurança, segundo o depoimento daqueles que a viveram.

Quando Deus se manifestou sobre o Sinai, "o aspecto da glória de Jeová era, aos olhos dos filhos de Israel, como um fogo devorador no alto da montanha" (Êxodo XXIV, 17). E o apóstolo de Cristo, São Paulo, escreve na epístola aos hebreus: "É terrível cair nas mãos do Deus vivo" (X, 31). E mais adiante, "pois nosso Deus é também um fogo devorador" (XII, 29). O memorial da noite de êxtase de Pascal

(23 de novembro de 1654) tem o título *Fogo*. O escritor não utiliza seus dons de expressão. O documento consta de curtas frases concentradas e de palavras repetidas como para ganharem reforço: "Certeza. Certeza. [...] Alegria, alegria, alegria, lágrimas de alegria."

Depois de conviver longamente com Vishnu, sob o aspecto humano de mestre e amigo, Arjuna diz: "Eu desejaria ver tua forma e teu corpo divino. Se pensas que o posso ver, ó Senhor, ó Mestre do Ioga, então mostra-me teu Ser imperecível." Vishnu atendeu a Arjuna, apresentou-se na sua forma divina. "É tal a luz desse corpo de Deus que parece que milhões de sóis levantaram-se ao mesmo tempo no céu... Arjuna O vê, Deus magnífico e belo e terrível... e, de deslumbramento e de alegria e de medo, ele se prosterna e adora, mãos juntas, com palavras de terror sagrado, a visão formidável" (Bhagavad Ghita, Capítulo XI).

A mitologia grega narra que a princesa Sêmele, amada por Zeus, faz que ele prometa satisfazer-lhe um desejo. Sêmele pede ao divino amante para revelar-se no seu aspecto olímpico. Mas, quando Zeus se manifesta, a imprudente Sêmele é fulminada pelo fulgor do deus. Mesmo presenças que apenas prenunciam o divino produzem efeitos de alta intensidade. Assim é que o poeta Rilke exclama: "Quem, se eu gritasse, me ouviria na hierarquia dos anjos? E, supondo que um deles de súbito me tomasse de encontro ao coração, eu sucumbiria, morto por sua existência mais forte."

A experiência imediata do arquétipo da divindade representa um impacto tão violento que o ego corre o perigo de desintegrar-se. Como meios de defesa face a esses *poderes*, a essas *existências mais fortes*, o ser humano criou os rituais. Poucos são aqueles capazes de aguentar impunemente a *experiência do numinoso*. As cerimônias religiosas coletivas originam-se de necessidades de proteção, funcionam como anteparos entre o divino e o humano, isto é, entre o arquétipo da *imagem de Deus*, presente no inconsciente coletivo, e o ego.

A psicologia junguiana põe em relevo a presença, no âmago da psique, do arquétipo de Deus ("indistinguível do arquétipo do *self*"), sem pretender jamais afirmar nem negar a existência de Deus como ser em si mesmo. Foi o arquétipo da divindade que respondeu à mensagem do Cristo: "O Rabi Jesus concreto rapidamente foi assimilado pelo arquétipo constelado." Com efeito Cristo, no Ocidente, pela sua superioridade espiritual e grandeza heroica, é a analogia mais próxima das significações do *self* embora Jung frise insistentemente que lhe falta para ser completo o lado sombrio, isto é, "a metade escura da totalidade humana". Na nossa cultura é Cristo quem exemplifica o arquétipo do *self*, do mesmo modo que é o Buda quem o exemplifica para os budistas.

Quando Jung fala de religião, não está nunca se referindo a qualquer credo ou a qualquer igreja em particular. O que o interessa é a atitude religiosa como função psíquica natural, é a experiência religiosa na qualidade de processo psíquico. No seu trabalho de analista, verificou as múltiplas manifestações do fenômeno religioso e sua importância dentro do funcionamento da psique.

Somente depois da publicação póstuma das *Memórias* é que ficamos conhecendo a posição religiosa pessoal de Jung. Na sua obra científica, como vimos, ele se refere ao arquétipo de Deus na psique, à imagem de Deus, mas nunca faz afirmações ou negações concernentes à existência de Deus. Mas, através das páginas das *Memórias*, Jung revela-se como uma pessoa para quem Deus era "uma experiência imediata das mais certas".

No capítulo "Anos de colégio", lemos: "Como cheguei à minha certeza sobre Deus? Apesar de todas as coisas que me haviam dito referentes ao assunto, no fundo eu não podia crer em nada. Nada me havia convencido. Não era, portanto, daí que vinha minha convicção. E aliás não se tratava de uma ideia, de algo que fosse fruto de minhas reflexões, nada que fosse imaginado. Não era como se a pessoa imaginasse e representasse um objeto para depois crer. Por exemplo, a história do Senhor Jesus sempre me pareceu suspeita e nunca acreditei seriamente nela. Entretanto, me fora sugerida com muito mais insistência do que Deus, que somente era evocado num plano distante. Por que Deus era para mim uma evidência? Por que certos filósofos pretendiam que Deus fosse uma ideia, uma espécie de suposição arbitrária que pudesse ser 'inventada' ou não, quando é perfeitamente evidente que Ele existe, tão diferente quanto um tijolo que caia sobre a cabeça de uma pessoa? De súbito tornou-se claro que, pelo menos para mim, Deus era uma experiência imediata das mais certas."

Numa entrevista famosa concedida à BBC de Londres dois dias antes de completar 80 anos, Jung declarou: "Não necessito crer em Deus: eu sei (*I know*)." Estas palavras desencadearam tão grande celeuma que Jung publicou uma carta esclarecendo-as. Não pretendeu dizer "conheço um certo Deus (Zeus, Jeová, Alá, o Deus Trinitário etc.), mas: sei com segurança que me confronto com um fator desconhecido em si, ao qual chamo Deus". E algumas linhas abaixo: "Desde que experimento minha colisão com um poder superior dentro de meu próprio sistema psíquico, eu *tenho conhecimento de Deus.*"

Só em face desses documentos tardios é que se pode entender plenamente por que Jung fez gravar em pedra, no alto da porta de sua casa de Küsnacht, as palavras do oráculo de Delfos respondendo aos lacedemônios quando estes pretendiam partir em guerra contra os atenienses: *Invocado ou não invocado, Deus estará presente.*

Leituras

C.G. Jung, *Psicologia e religião: Ocidental e Oriental*, Obra Completa Vol. 11/1, o volume contém o trabalho "Psicologia e religião", publicado isoladamente em várias línguas.

C.G. Jung, *Interpretação psicológica do Dogma da Trindade*, Obra Completa Vol. 11/2.

C.G. Jung, *O símbolo da transformação na missa*, Obra Completa Vol. 11/3.

C.G. Jung, *Resposta a Jó*, Obra Completa Vol. 11/4.

C.G. Jung, *Psicologia e religião oriental*, Obra Completa Vol. 11/5, estudos sobre livros religiosos orientais (Livro Tibetano da Grande Libertação, Livro Tibetano dos Mortos); o ensaio "Considerações em torno da Psicologia da Meditação Oriental"; prefácios para o *I Ching* e para livros de Suzuki e de Zimmer.

C.G. Jung, *Psicologia e alquimia*, Obra Completa Vol. 12. Ler o primeiro capítulo: "Introdução à problemática da psicologia religiosa da alquimia".

S. Freud, *O futuro de uma ilusão*.

William James, *As variedades da experiência religiosa*. Primeiro trabalho de abordagem do fenômeno religioso do ponto de vista psicológico.

Capítulo 12

A obra de arte e o artista

A psicologia analítica não pretende nunca opinar sobre o valor estético das obras de arte nem explicar o fenômeno *arte*. Essas áreas pertencem aos críticos de arte. Seus pronunciamentos limitam-se a pesquisas concernentes aos processos da atividade criadora e ao estudo psicológico da estrutura da produção artística. Sua contribuição maior será a decifração das imagens simbólicas que tomam forma na obra de arte, trazendo luz sobre as significações que encerram e que excedem as possibilidades comuns de compreensão da época em que adquiriram vida.

Na perspectiva da análise psicológica, Jung distingue dois processos diferentes na criação de obras literárias: o processo psicológico e o visionário.

A) As obras resultantes da primeira maneira de criar são compreendidas por seus leitores sem maiores dificuldades. Os temas em que se baseiam nos são conhecidos – as paixões, os sofrimentos do indivíduo, seus feitos, as tragédias de seu destino. Pertencem a esse tipo o romance de amor, o romance social, a poesia lírica, a poesia épica, comédias e tragédias. Poderemos acompanhar cheios de emoção as peripécias que se desenvolvem nessas obras, mas nunca elas nos comunicam sentimentos de estranheza. O romancista ou o poeta toma seus temas nas experiências vividas no curso da vida humana e, elevando-os ao plano da expressão artística, universaliza-os. Por intermédio dessas obras o leitor ganha a possibilidade de penetrar mais profundamente na alma humana, de tomar consciência de sentimentos e tendências obscuras que aí se movem. Os estudos psicológicos dessas obras nunca trazem contribuições importantes. O artista já esgotou seu tema e decerto melhor do que o faria o psicólogo. Seria muito vantajoso que o estudante trocasse vários de seus manuais de psicologia, por exemplo, por *Em busca de tempo perdido* de Proust.

No caso da obra psicológica, diz Jung, "o autor submete seu assunto a um tratamento cuja orientação foi intencionalmente determinada; ele acrescenta ou subtrai coisas; sublinha este efeito, atenua aquele, põe aqui uma cor, ali outra, pensando com o maior cuidado os resultados possíveis, observando constantemente as leis da beleza de formas e o estilo. O autor utiliza nesse trabalho seu mais agudo raciocínio e escolhe sua expressão com a mais completa liberdade. A matéria que ele trata está submetida a sua intenção artística; ele quer representar *isto* e não qualquer outra coisa."

B) As obras de arte visionárias causam perturbadora impressão de estranheza. Não são as vicissitudes por que passam seres conhecidos que aqui nos inquietam. O que ocorre é que esses seres se nos apresentam misteriosos e existem numa atmosfera ainda mais misteriosa. Nas obras de arte desse tipo, "a experiência vivida ou o objeto que constituem o tema da elaboração artística nada tem que nos seja familiar. Sua essência nos é estranha e parece provir de distantes planos da natureza, das profundezas de outras eras ou de mundos de sombra ou de luz existentes para além do humano. Esse tema é uma experiência primordial que excede a compreensão e face à qual o ser humano sente-se petrificado pela sua singularidade e sua frieza ou, ao contrário, pelo seu aspecto significativo e solene que parecem, tanto num quanto noutro caso, surgir do fundo das idades."

O artista não domina o ímpeto da inspiração que dele se apodera. Obedece e executa, "sentindo que sua obra é maior que ele e, por esse motivo, possui uma força que lhe é impossível comandar".

Numerosos graus existem entre esses dois tipos de obras de arte. Muitas vezes ideias oriundas de planos profundos do inconsciente insinuam-se desapercebidas em meio às coisas cotidianas, trazendo de súbito a um poema ou a uma página de romance um toque singular de vibrações. E também o artista sentir-se-á ativo ou passivo em graus diferentes quanto ao modo como se realiza em se próprio o processo criador.

Muitos artistas têm dado o depoimento da maneira como experienciam o processo criador. Picasso diz: "Quando eu começo uma pintura, há alguém que trabalha comigo. No fim, tenho a impressão que estive trabalhando sozinho, sem colaborador."

Na literatura brasileira vamos encontrar excelentes exemplos de obras psicológicas nos romances e contos de Machado de Assis.

"Que abismo que há entre o espírito e o coração!"

O espírito de Rubião afastou assustado o pensamento de que fora uma felicidade a mana Piedade não ter casado com Quincas Borba, "o coração, porém, deixou-se estar a bater de alegria". Agora ele, Rubião, seria o herdeiro.

Bentinho, em meio à angústia pela doença da mãe, vê passar, como um relâmpago, a ideia: "Mamãe defunta, acaba o seminário."

Machado de Assis mostra ao leitor que no coração humano surgem certos sentimentos que nem sempre são aceitáveis às claridades da consciência. Para apanhar em flagrante esses sentimentos, ele não escolhe sujeitos particularmente perversos. É no professor mineiro, tipo do bom homem, é em Bentinho, menino ingênuo, que ele surpreende os movimentos dos desejos egoístas. O mesmo decerto ocorrerá a todos os seres humanos.

Capitu é estudada desde menina no olhar oblíquo, nos gestos, no comportamento dissimulado e sinuoso, com a minúcia que teria um zoólogo diante de um animal fadado a cumprir leis inescapáveis, inerentes a sua natureza.

No conto "A mulher de preto", publicado em 1870, Machado mostra saber que o indivíduo, possuído por um sentimento, poderá trair-se, trocando involuntariamente uma palavra por outra. Foi o que aconteceu ao jovem Estêvão, apaixonado pela esposa do deputado Meneses, numa conversa em roda de políticos:

"Estêvão embebeda-se tanto nesta contemplação ideal que, acontecendo perguntar-lhe um deputado se não achava a situação negra e carrancuda, Estêvão, entregue ao seu pensamento, respondeu:

"— É lindíssima.

"— Ah! — disse o deputado — vejo que o senhor é ministerialista.

"Estêvão sorriu, mas Meneses franziu o sobrolho. Compreendera tudo."

O livro de Freud *Psicopatologia da vida cotidiana*, onde são estudados os lapsos, foi publicado em 1904. Que resta ao psicólogo fazer, ainda hoje, em relação à obra de Machado de Assis senão admirar o autor?

O poeta Jorge de Lima, na primeira fase de sua produção poética, fala-nos de coisas conhecidas que o leitor prontamente apreende. A forma será o soneto, o alexandrino ou mesmo o verso livre; o pensamento, porém, é de tipo discursivo. A linguagem que o exprime é rigorosamente sintática.

O poeta recorre a alegorias e a metáforas.

O acendedor de lampiões ilumina a cidade, mas talvez não tenha luz na choupana em que habita.

Tanta gente também nos outros insinua
Crenças, religiões, amor, felicidade,
Como este acender de lampiões da rua!

Depois que adotou o verso livre, sua poesia despojou-se de procedimentos retóricos; tornou-se íntima. Os temas preferidos são cenas da infância do poeta e motivos regionais. A poesia é sempre de alta qualidade. Emocionará o leitor, às vezes o fará sorrir, nunca, porém, lhe causará a impressão de algo estranho ao mundo onde moramos.

Total transformação marca a segunda fase da poesia de Jorge Lima. O poeta parece ter vivido intensas experiências internas. Agora a atmosfera de seus versos é misteriosa, obscura. O leitor sente-se perplexo diante da *Anunciação e encontro de Mira-Celi*. Seu hábito racionalista teima em perguntar: quem é Mira-Celi? E o poeta: "Ora pareces marcha nupcial, és, no espanto, elegia. Ora és sacerdotisa, musa louca, pastora ou apenas ave."

Mira-Celi é múltipla e esquiva como toda imagem surgida das profundas regiões do inconsciente.

No *Livro de sonetos* e, muito mais ainda, em *Invenção de Orfeu*, o mundo do poeta é um mundo de imagens arquetípicas. Essas imagens não se deixam aprisionar dentro do sistema do pensamento lógico, por isso a linguagem que busca exprimi-las prescinde muitas vezes de arranjos sintáticos. E as palavras, em seus sons próprios, proclamam-se independentes, valem por si mesmas. Os críticos falam em poesia "hermética". Vejamos um trecho da *Invenção de Orfeu*:

> *Era um cavalo todo feito em chamas*
> *alastrado de insânias esbraseadas;*
> *pelas tardes sem tempo ele surgia*
> *e lia a mesma página que eu lia.*
>
> *Depois lambia os signos e assoprava*
> *a luz intermitente, destronada,*
> *então a escuridão cobria o rei*
> *Nabucodonosor que eu ressonhei*
> *Bem se sabia que ele não sabia*
> *a lembrança do sonho subsistido*
> *e transformado em musas sublevadas.*
>
> *Bem se sabia: a noite que o cobria*
> *era a insânia do rei já transformado*
> *no cavalo de fogo que o seguia.*

Para receber esta poesia, o leitor terá de renunciar aos conceitos e deixar-se penetrar pelos símbolos.

No que diz respeito às artes plásticas, o crítico contemporâneo Herbert Kühn propõe classificação paralela à de Jung concernente às obras literárias. Herbert Kühn distingue a arte dos sentidos e a arte da imaginação. A arte dos sentidos inspira-se na natureza exterior, no mundo que nos atinge através dos sentidos. A arte da *imaginação* exprime fantasias, experiências internas do artista, que as apresenta de maneira irrealista, onírica e abstrata.

Do ponto de vista junguiano a psicologia pessoal do artista poderá esclarecer certas características de sua obra, mas não a explicará. A problemática individual, diz Jung, tem tanta relação com a obra de arte quanto o solo com a planta que aí germina. Certas particularidades da planta serão evidentemente mais bem compreendidas se conhecermos as condições específicas de seu hábitat, entretanto ninguém pretende que esses dados sejam suficientes para o conhecimento da planta naquilo que há nela de essencial. "A planta não é apenas um produto do terreno. E também um processo fechado, vivo e criador, cuja essência nada tem a ver com a natureza do terreno." Jung compara igualmente a obra de arte à criança que se desenvolve no seio materno.

Os conflitos pessoais do artista, sua problemática emocional, não são decisivos para o conhecimento de sua obra. Lançarão luz sobre um ou outro detalhe, sobre a atração para este ou aquele tema. A autêntica obra de arte, porém, é uma "produção impessoal". O artista é "uma pessoa coletiva que exprime a alma inconsciente e ativa da humanidade".

No mistério do ato criador, o artista mergulha até as funduras imensas do inconsciente. Ele dá forma e traduz na linguagem de seu tempo as intuições primordiais e, assim fazendo, torna acessíveis a todos as fontes profundas da vida.

Paul Klee, pintor contemporâneo, teve consciência desta descida às regiões originais. Escreveu ele: "É missão do artista penetrar tão longe quanto possível na busca do futuro secreto das coisas onde uma lei primordial entretém seu crescimento... Com o coração batendo, somos levados cada vez mais para baixo, para a fonte primeira."

Um exemplo mostrará os dois modos diferentes, freudiano e junguiano, de abordagem da obra de arte. O primeiro fundamenta-se nos condicionamentos individuais do criador e o segundo encara a obra de arte como uma produção superpessoal. O exemplo será o quadro de Leonardo da Vinci *A Virgem, o Menino Jesus e Sant'Ana* (Museu do Louvre).

O próprio Freud escreveu sobre essa pintura um ensaio que se tornou modelo dos estudos psicanalíticos referentes à obra de arte. O quadro, segundo Freud, sintetiza a história da infância de Leonardo. Vemos aí a Virgem sentada no colo de Sant'Ana e inclinada, os braços estendidos, para o menino. Os corpos das duas mulheres acham-se insolitamente confundidos, mas se diferenciando um do outro. E Sant'Ana é quase tão jovem quanto Maria. "Leonardo deu ao Menino Jesus duas mães: a que lhe estende os braços e outra que contempla amorosamente de segundo plano, e dotou a ambas com o sorriso de felicidade materna." O menino Leonardo teve também duas mães: sua verdadeira mãe, a camponesa Caterina, e Donna Albiera, legítima esposa de seu pai, em cuja companhia veio viver depois que o casal perdeu a esperança de ter filhos. No famoso quadro, "a figura materna mais afastada da criança, a avó, pela sua aparência e posição especial em relação a esta, corresponde à primeira mão de Leonardo, a Caterina. E o artista recobriu e velou com o bem-aventurado sorriso de Sant'Ana a dor e a inveja que a infeliz sentiu quando foi obrigada a ceder seu filho à nobre rival, como antes já havia cedido o homem amado." Esse sorriso que faz o fascínio da Gioconda e que se esboça em várias outras faces de mulheres e de adolescentes pintados por Leonardo, esse estranho sorriso sempre presente na imaginação do pintor, teria também origem numa impressão de infância: seria o sorriso de Caterina quando contemplava o filho amado. Mas o que traz ainda maior interesse psicanalítico a esse quadro é o peculiar jeito como as pregas do manto de Maria configuram um abutre. A projeção inconsciente dessa imagem, achado de Oscar Psister, foi pesquisada extensamente por Freud. O interesse especial da projeção decorre de que a imagem do abutre, inconscientemente delineada, vem vincular-se a uma recordação de infância muito curiosa. Entre suas anotações sobre o voo, Leonardo intercalou esta reminiscência: "Eu pareço ter sido destinado a ocupar-me muito particularmente do abutre, pois uma de minhas primeiras recordações de infância é que, estando ainda no berço, veio a mim, abriu-me a boca com sua cauda e várias vezes bateu com essa cauda entre meus lábios." Decerto a cena descrita não corresponde à recordação de um acontecimento real. É uma fantasia construída à maneira como são construídos os sonhos. E tal como se fosse um sonho, Freud procura interpretar-lhe o conteúdo latente, recorrendo nesse trabalho a abundantes paralelos históricos. A cauda do abutre que, repetidas vezes, bate nos lábios da criança seria símbolo do seio materno e ao mesmo tempo seria símbolo do órgão genital masculino. Para explicar por que o abutre pode simbolizar a figura materna e simultaneamente ter conexão com o falo, Freud vai buscar dados na mitologia egípcia. Com efeito, os egípcios veneravam uma deusa-mãe denominada Mout, que era representada sob a forma de abutre ou com corpo de mulher e cabeça de abutre. A palavra mãe e o nome dessa deusa eram escritos, pelos egípcios, com o hieróglifo do abutre. E essa mesma Mout, divindade materna, era também possuidora de falo como aliás frequentemente acontece às mães divinas primordiais que reúnem em si os princípios masculino e feminino. Acreditavam os egípcios que só existissem abutres fêmeas, sendo essas aves capazes de reproduzirem-se sem o concurso de machos. Teria sido lendo essa fábula que surgiu em Leonardo a ideia de que "ele também era uma espécie de filho de abutre, criança que tivera mãe mas não tivera pai". E a essa ideia viera associar-se a lembrança do prazer experimentado no sugar do seio materno e dos beijos que sua solitária mãe lhe dera na boca. Relação estreita e intensa com a mãe, somada à ausência do pai, presumivelmente até os cinco anos de idade, explicaria a atitude de Leonardo face ao sexo, sua provável homofilia. Assim, o abutre da fantasia de infância, que emerge mais tarde do fundo do inconsciente nas pregas do manto da Virgem, seria a imagem adequada para exprimir a fixação materna e as tendências homofílicas de Leonardo.

Apesar dos paralelos mitológicos invocados no decorrer de todo o ensaio, a preocupação constante de Freud é desvendar os conteúdos secretos da obra de arte em suas conexões com a problemática afetiva do pintor, decorrente de acontecimentos emocionais vividos na infância.

Jung escreveu breves comentários sobre essa mesma pintura de Leonardo. Entretanto sua interpretação não se detém na psicologia do autor. O que é posto em relevo é a natureza superpessoal da obra, o motivo arquetípico sobre o qual se estrutura.

As ocorrências da infância de Leonardo devem ter influído para a reativação do arquétipo mãe, isto é, para tirar do estado virtual a imagem da Grande Mãe que existe sempre por trás da mãe pessoal, no caso a camponesa Caterina, de cujo carinho foi afastado antes dos cinco anos. E isso se torna evidente por meio da fantasia de infância, já citada, referente ao abutre, que é símbolo adequado da mãe primordial. O rei do Alto Egito implora a Mout, a mãe abutre: "Eu descendo do abutre de longos cabelos e exuberantes seios; possa ela manter seu seio na minha boca e nunca deixar de amamentar-me." A mesma mãe abutre desceu até o berço do gênio da Renascença. E quando na pintura de Leonardo o arquétipo mãe assumiu formas condizentes com a época

(Sant'Ana e a Virgem), o abutre ainda se insinuou nas dobras do manto de Maria.

Na pintura aqui estudada, o arquétipo mãe desdobra-se no motivo das duas mães, motivo que tem paralelos na mitologia de vários povos. Uma das características do mito do herói é que ele frequentemente tem duas mães. Ao lado da mãe pessoal, aparece uma segunda figura materna, seja mãe adotiva humana, seja mãe divina. Hércules teve duas mães, a doce Alcimene, filha do rei de Micenas, e Hera, a vingativa. A ideia das duas mães está estreitamente ligada às ideias do segundo nascimento. O primeiro nascimento é de natureza carnal e o segundo de natureza espiritual. As iniciações, nas religiões antigas, correspondem ao segundo nascimento. E a esse mesmo fenômeno que se refere São Paulo quando fala do velho Adão e do novo Adão. E Jesus diz a Nicodemos que é preciso nascer outra vez para ter acesso ao mundo do espírito.

No quadro de Leonardo, Maria representa a mãe-terra, a mãe carnal, o caráter materno elementar, e Sant'Ana, pela expressão de sua face e de seu sorriso, representa a mãe espiritual, a mãe do segundo nascimento transformativo. As duas mães acham-se estreitamente unidas, como dois aspectos que são do mesmo arquétipo. Entretanto, a figura de Sant'Ana predomina.

Nas épocas em que o caráter materno elementar domina, a consciência individual permanece estática, diz E. Neumann. Quando, porém, o caráter materno espiritual ganha proeminência, a consciência sai da estagnação. O despertar da consciência individual foi exatamente a característica da Renascença.

"O processo criador, na medida em que o podemos acompanhar, consiste numa ativação inconsciente do arquétipo, no seu desenvolvimento e sua tomada de forma até a realização da obra perfeita" (Jung).

Obras de arte de todos os tempos dão testemunho dessa afirmação. Já vimos imagens do arquétipo mãe num quadro de Leonardo da Vinci. Voltemo-nos agora para a arte moderna.

O famoso quadro *Guernica* de Picasso é bem, na expressão do crítico e historiador de arte Herbert Read, "uma coleção de símbolos de inconsciente". Esse quadro foi pintado num estado de violenta emoção, logo que Picasso teve notícia do arrasamento da pequena cidade basca de Guernica por bombas lançadas de aviões alemães a serviço de Franco (28 de abril de 1937). Ele declarou, quando se achava em pleno trabalho: "Na tela em que estou trabalhando exprimirei minha aversão pela casta militar que mergulhou a Espanha num oceano de dor e de morte." Entretanto o *Guernica* vai infinitamente além desse propósito. Contemplando a tela, já não se pensa na infeliz cidade basca. Estamos diante de símbolos que exprimem coisas universais. No centro, o cavalo relincha, ferido de morte ("quando o cavalo é sacrificado, o mundo é sacrificado e destruído" – Jung); a mulher apavorada tenta correr, mas suas pernas lhe parecem enormes e pesam arrobas, como nos pesadelos; uma criança morreu e o fogo destrói a casa. A cena de horrores dominada do alto pelo touro brutal, concentrando em si todas as forças obscuras, e por um braço estendido que segura a lâmpada – escuridão e luz, os dois opostos eternos. As imagens não se situam em estruturas ordenadas dentro do espaço pictórico. Sucedem-se e quase imbricam-se umas às outras, num atropelo de horrores.

A noção do arquétipo vem sendo cada vez mais utilizada pelos críticos, seja no campo das artes plásticas, seja no da literatura. Essa noção está presente, por assim dizer, em todos os trabalhos de Herbert Read sobre a pintura moderna. Wingfield Digby, conservador do Museu Victoria and Albert, de Londres, também a aplica largamente (estudos sobre Edvard Munch, Henry Moore, Paul Nash). E Germain Bazin, atual diretor do Museu do Louvre, diz: "O pensamento escrito ou o pensamento pintado não se determinam nem se explicam um ao outro. O que é necessário é ir além deles, recuar até o mundo arquetípico do inconsciente coletivo. Esse contato entre a interpretação artística e a psicologia de Jung está destinado a afirmar-se e sem dúvida aí reside o futuro da crítica de arte."

Seria talvez desnecessário frisar que a simples emergência de imagens arquetípicas não resulta em obras de arte. Essas imagens surgem cotidianamente nos sonhos e nas fantasias de todos os seres humanos. Entretanto, as obras de arte são raras. Faz-se necessário que as rudes imagens primordiais sejam elaboradas, ou melhor, *transmutadas* em formas que possuam certas qualidades, ditas artísticas. É preciso que essas formas apelem para os sentidos e falem a linguagem da época. A maneira como se realiza essa *transmutação* (processo criador) não foi jamais explicada por nenhuma psicologia.

Leituras

C.G. Jung, "Psychologie et poesie" e "La Psychologie analytique dans ses rapports avec l'oeuvre poétique". Esses dois ensaios encontram-se no livro *Problèmes de l'âme moderne*. No mesmo livro, artigos sobre Picasso e o *Ulisses* de Joyce.

C.G. Jung, *O espírito na arte e na ciência*, Obra Completa Vol. 15.

Aniela Jaffé, "O simbolismo nas artes plásticas", em C.G. Jung: *O homem e seus símbolos*.

C.G. Jung, *Memórias, sonhos e reflexões*.

C.G. Jung, *O si-mesmo oculto: (presente e futuro)*.

Herbert Read, *A redenção do robô: meu encontro com a educação através da arte*.

Capítulo 13
Educação de jovens, educação de adultos

As mais belas páginas que Jung escreveu sobre a alma da criança estão nos dois primeiros capítulos de sua biografia.

Ele recorda suas primeiras tomadas de consciência das sensações – da luz, dos odores – e seus deslumbramentos ante a natureza e também suas angústias imprecisas, que decerto serão semelhantes aos deslumbramentos e às angústias de outras crianças. "Eu percebia cada vez mais a beleza e a claridade do dia quando a luz dourada do sol brincava através das folhagens verdes. Mas tinha o pressentimento da existência de um mundo de sombras, cheio de interrogações angustiantes, ao qual eu não poderia escapar." Desse mundo de sombras lhe veio, entre os três e os quatro anos de idade, um sonho extraordinário: num subterrâneo, sobre trono de ouro, "erguia-se um objeto, forma gigantesca que atingia quase o teto". "Esse objeto era estranhamente constituído: feito de pele e de carne viva, trazia na parte superior uma espécie de cabeça de forma cônica, sem face nem cabelos. No alto, um olho único, imóvel, olhava para cima." Jung pensou nesse sonho "durante toda a sua vida" e só "dezenas de anos depois" compreendeu que aquela imagem onírica era um falo ritual. De onde veio esse sonho? Impossível será encontrar a pista dessa divindade pagã, subterrânea, em reminiscências infantis do filho de um pastor protestante. Sua origem terá de ser procurada muito mais longe, nas estruturas herdadas da psique. Portanto, o psicólogo deverá estar atento não só aos sonhos que exprimam problemas emocionais da vida da criança, mas também aos seus sonhos arquetípicos carregados de profundas significações.

Nas *Memórias*, Jung revela as próprias experiências no que concerne à influência da atmosfera familiar e dos desentendimentos entre os pais sobre a criança. Mais tarde, a observação apenas confirmaria aquilo que ele já vivenciara sofridamente.

Quanto às experiências escolares de Jung, citaremos apenas uma, muito típica, que, apesar de todos os progressos da pedagogia do século XX, ainda hoje se repete frequentemente. "Uma total inaptidão fez com que eu fosse excluído da classe de desenho. Fiquei de uma parte satisfeito, porque assim dispunha de mais tempo livre; mas era também uma nova derrota, pois eu tinha certa habilidade espontânea para o desenho, quando este dependia essencialmente de meu sentimento, coisa que eu ignorava na época. Só sabia desenhar aquilo que ocupava minha imaginação. Entretanto impunham-me copiar modelos de divindades gregas de olhos cegos, inexpressivos. Desde que isso não ia bem, meu mestre pensou sem dúvida que eu tinha necessidade de objetos 'naturais': colocou diante de mim a reprodução da cabeça de uma cabra. Fracassei completamente e desse modo chegou ao fim meu curso de desenho."

Jung distingue três tipos de educação.

Educação por meio do exemplo

O que educa fundamentalmente a criança é a vida dos pais. Abundantes palavreados e exuberantes gestos não são eficazes ou mesmo tornam-se contraproducentes. Segundo Jung, esse tipo de educação, o mais importante de todos, pode processar-se de maneira completamente inconsciente.

A criança identifica-se com o ambiente onde vive, e de modo especial com os pais. Para dar ideia de quanto é estreita a fusão da psique infantil com a psique dos pais, basta dizer que um cliente de Jung, incapaz de recordar seus sonhos, foi, na primeira fase do tratamento, analisado por intermédio dos sonhos de seu filho de oito anos. O menino sonhava os problemas eróticos e religiosos do pai. Logo que este começou a poder lembrar-se dos próprios sonhos, o menino deixou de sonhar a problemática paterna.

"As dificuldades parentais refletem-se inevitavelmente na psique da criança. A criança faz de tal maneira parte da atmosfera psicológica dos pais que problemas secretos entre eles podem influenciar profundamente a saúde dela." E o mais grave é que os esforços de controle por parte dos pais para não exteriorizarem perante os filhos seus conflitos íntimos adiantam pouco, porque a comunicação de filhos com pais se realiza por via inconsciente. "Quanto menos os pais aceitem seus próprios problemas, tanto mais os filhos sofrerão pela vida não vivida de seus pais e tanto mais serão forçados a realizar tudo quanto os pais reprimiram no inconsciente." Não é que os pais tenham de ser *perfeitos* a fim de não exercerem efeitos deletérios sobre seus filhos, diz Jung, pois se os pais fossem *perfeitos*, seria uma verdadeira catástrofe. Os filhos se sentiriam aniquilados por um sentimento de inferioridade moral ou fariam grandes tentativas para copiá-los. Isso apenas transferiria o final ajuste de contas para a geração seguinte. "A única coisa que pode salvar a criança desses danos é o esforço dos pais para não fugir às dificuldades psíquicas da vida por meio de manobras falsificadoras ou permanecendo artificialmente inconscientes, aceitando-as como tarefas, sendo honestos com eles mesmos tanto quanto possível e deixando cair um raio de luz nos cantos mais escuros de suas almas."

Evidentemente os mestres, ao lado dos pais, desempenham papel muito importante nessa fase da educação pelo exemplo. As crianças, observa Jung, possuem um instinto espantoso para descobrir as deficiências do educador. "O pedagogo deveria estar atento a seu próprio estado mental para verificar de onde provêm as dificuldades que encontra com as crianças que lhe são confiadas. Pode muito bem acontecer que seja ele a causa inconsciente do mal." Portanto, pais e mestres são chamados a se conhecerem a si próprios, a se educarem a si próprios. Os métodos, as experiências antigas e as novíssimas no campo da educação dependeram e dependerão sempre, em primeiro lugar, daqueles que as conduzem.

Educação coletiva

Esse tipo de educação processa-se de acordo com regras, princípios e métodos. Certamente normas coletivas são necessárias e todos estão de acordo em aceitar que uma das metas da educação será fazer de cada indivíduo um membro útil da sociedade. O perigo da educação coletiva consiste em que a valorização excessiva de regras, princípios e métodos abafe o normal desenvolvimento das individualidades. Em casos extremos formam-se grupos humanos uniformes, cidadãos idealmente obedientes para serem manejados como robôs por ditadores.

Entretanto, Jung frisa que será preciso distinguir entre as qualidades específicas de um indivíduo aquilo que existir nele de único, e excentricidades temperamentais ou incapacidade para reconhecer os direitos de outrem. E chama particularmente a atenção para a circunstância de que muitas vezes crianças rebeldes contra as normas coletivas são de fato personalidades defeituosas ou doentes, para as quais será mais indicado se ajustar às regras da sociedade onde vivem do que desenvolver suas peculiaridades nocivas.

À exceção desses casos, Jung dá ênfase sobretudo ao terceiro tipo de educação, que é a educação individual. Seus pontos de vista têm, nesse sentido, inspirado grandes educadores. Citaremos Herbert Read, o infatigável lutador em prol da *redenção do robô*: "Eu tomo a mesma posição de Jung: uma meta está ao nosso alcance, e esta é desenvolver e levar à maturidade as personalidades individuais."

Educação individual

Na aplicação desse tipo de educação, as regras, princípios e métodos ficarão subordinados ao objetivo único de permitir a manifestação da individualidade específica da criança. O educador precisará encontrar o caminho que o levará a compreender seu aluno. Deverão ser tomados em consideração seus dons especiais e também suas dificuldades em relação a certas matérias (matemática, por exemplo). O tipo psicológico da criança terá de ser aceito, sem que o mestre, imbuído do preconceito de que só os extrovertidos sejam normais, se esforce para obter dos introvertidos um comportamento que para estes é contrário a sua natureza. Não se poderá falar em educação individual sem que o mestre conheça a história das primeiras etapas do desenvolvimento psíquico do aluno e suas condições de vida no seio da família. Pais e mestres estarão atentos para não sufocar os germes peculiares à personalidade que comecem a repontar na infância e na juventude. Entretanto, diz Jung, o pleno desenvolvimento do indivíduo, sua completação numa totalidade coesa e única, é tarefa para o adulto. "Somente numa época como a nossa, em que o indivíduo está inconsciente dos problemas da vida adulta ou – ainda pior – quando ele os escamoteia conscientemente, é que se pode desejar transpor erroneamente este ideal para a infância. Eu acho suspeito de intenções espúrias nosso entusiasmo pedagógico e psicológico: falamos sobre a criança mas deveríamos ter em vista a criança no adulto, porque em cada adulto está escondida uma criança – uma eterna criança, algo que está sempre crescendo, que nunca se completa e exige incessante cuidado, atenção e educação." Repetidas vezes em seus escritos sobre educação Jung levanta a dúvida de que o "furor pedagógico" moderno seja uma evasiva para evitar que seja enfrentado o problema da educação do educador e do adulto em geral.

Com efeito, os germes de desenvolvimento que se fizeram notar na infância e na juventude só atingem a maturidade na idade adulta. E só então os diferentes elementos que compõem a psique poderão organizar-se numa "totalidade determinada, capaz de resistência e provida de força", que mereça a denominação de personalidade.

Num de seus últimos livros – *Presente e futuro* –, publicado em 1957 e denominado por muitos "o testamento de Jung", ele denuncia com veemência a ação estranguladora das influências coletivas sobre o indivíduo, provenientes seja da educação, do Estado ou de credos religiosos. O futuro da humanidade, na sua opinião, dependerá do número de pessoas que logrem evoluir plenamente, isto é, individuar-se.

A primeira metade da vida é um período de progressiva expansão. O jovem terá de renunciar aos hábitos da infância, aos aconchegos familiares, para atender aos desafios do mundo exterior. Terá de estudar, trabalhar, conquistar uma posição social. Terá de vivenciar em si mesmo a eclosão dos instintos e fará seu encontro com o sexo oposto. Ficará apto a gerar.

Na segunda metade da vida as tarefas são diferentes. Acabou o tempo da expansão. Agora é tempo de colher, de reunir aquilo que estava disperso, de juntar coisas opostas, de concentrar.

Se nossos métodos de educação se mostram tão precários quanto a ajuda que possam trazer ao jovem em relação aos problemas da primeira metade da vida, seremos obrigados a reconhecer que o indivíduo entra na segunda metade da vida inteiramente despreparado para fazer face aos importantes e inevitáveis problemas que vai encontrar.

Veremos homens e mulheres temerosos ante os sinais precursores do envelhecimento procurarem a todo custo transportar para além dos quarenta anos as mesmas aspirações da fase da juventude. É muito provável que esses intensos esforços resultem do fato de que os objetivos da primeira fase da vida não tenham sido vividos em toda a sua plenitude e agora seja duro vê-los fugir para sempre. Mas também haverá a considerar o medo ante os problemas específicos da segunda metade da vida. Do mesmo modo que jovens demasiado fixados à infância recuam no momento de enfrentar o mundo exterior, adultos recuam quando chega a hora de aceitar as condições do envelhecer. Recuo inútil e inglório. Modificações fisiológicas e psicológicas processam-se inexoravelmente a partir do meio-dia da vida. Curiosos fenômenos de enantiodromia (aparecimento de contraposições inconscientes) ocorrem. Os tipos psicológicos sofrem mudanças; características femininas manifestam-se no homem – maior emotividade, maior vulnerabilidade sentimental; surgem na mulher características masculinas – maior força de raciocínio, capacidades insuspeitadas de trabalho e de liderança. Por si sós, essas mudanças provocam alterações na estrutura das famílias e às vezes até determinam seu desmembramento. Já seria uma tarefa árdua para o homem tomar consciência de seus componentes femininos e para a mulher tomar consciência de seus componentes masculinos na ocasião em que estes buscam posições compensatórias excessivas, por não terem sido devidamente tomados em consideração na primeira metade da vida.

Quem os ajudará na abordagem do difícil problema da transmutação de valores que se apresenta, com tanta frequência, no entardecer da vida? Alguns tomam a defensiva, agarrando-se às posições antigas. Tornam-se quase sempre rígidos e intolerantes ou vivem louvando épocas passadas. Outros não conseguem fugir ao sentimento de que muitas coisas, certezas e ideias, esvaziaram-se, desgastaram-se. Estes facilmente caem sob o fascínio de convicções e ideais opostos àqueles que receberam o fervor de seus jovens anos. Os antigos ídolos são renegados ferrenhamente. Apostasias de todos os gêneros traduzem o movimento da energia psíquica na direção de opostos. Isso não será uma solução. Será cair prisioneiro do jogo dos contrários, reprimindo agora o que estivera reprimido antes. A tarefa será aprofundar o conhecimento dos valores antigos e, simultaneamente, dos valores antiéticos a esses, reconhecendo que não há uma verdade única, que todas as coisas humanas são relativas. Será a consideração do problema dos opostos que trará renovação à existência na segunda metade da vida. Mas, interroga Jung, existirá em alguma parte escolas que preparem os quadragenários para as exigências de sua vida de amanhã?

Aliás, o amanhã para os quadragenários torna-se cada vez mais extenso na proporção em que a média de vida aumenta. Também o trabalho, que absorvia até muito tarde grandes cotas de energia e a mantinha canalizada no mesmo sentido, graças às leis sociais de aposentadoria fica atualmente muito cedo liberada de seus objetos habituais de investimento. Onde, como aplicá-la? É o que parecem perguntar as numerosíssimas pessoas idosas participantes de excursões que visitam vinte países em trinta dias ou fazem a volta ao mundo em dois meses, que frequentam indiscriminadamente cursos, exposições de pintura, concertos, cinemas, competições esportivas. Na nossa civilização trepidante, a coisa mais difícil que há é parar um pouco, é quebrar a lei que impede a mudança de um estado de permanente agitação para um estado de relaxamento de tensões. Aqueles que dispõem de lazeres descobrirão na melhor das hipóteses uma atividade agradável para preencher seu tempo livre. Mas muito poucos serão capazes de viver horas que não sejam contadas em relógio, detendo-se longamente "na consideração de tudo o que se passa no próprio íntimo tanto quanto no mundo exterior, conscientes de todas as formas de vida, de todas as suas expressões". E esta é a atitude que favorece o amadurecimento para a morte.

"A trajetória do projétil termina no seu alvo; do mesmo modo a vida termina na morte, que é o alvo de todas as formas da vida." Sendo a vida um processo energético, seu desdobramento é irreversível e tende para uma meta única que é o estado de repouso. Assim, a morte não seria o fim desse desdobramento, mas o seu alvo. "Tão intensamente e incansavelmente como a vida sobe antes de atingir a metade de seu curso, desce ela agora a outra vertente, pois sua meta não está no ápice, mas no vale onde começou a subida." A educação do adulto só estará completa quando ele aprender a viver conscientemente o curso de sua própria vida de acordo com as leis da natureza.

Leituras

C.G. Jung, *O desenvolvimento da personalidade*, Obra Completa Vol. 17. Esse volume contém o relato "Sobre os conflitos da alma infantil"; três conferências sobre "A importância da Psicologia Analítica para a Educação"; os ensaios "A importância do inconsciente para a educação individual"; "Da formação da personalidade" e outros trabalhos sobre o mesmo tema.

C.G. Jung, "Au solstice de la vie", em *Problèmes de l'âme moderne*.

E. Neumann, *Art and the Creative Unconscious*. O livro contém longo estudo sobre Leonardo da Vinci e o arquétipo mãe e outros ensaios sobre temas de arte.

S. Freud, *Leonardo da Vinci e uma lembrança de sua mãe*. O leitor interessado pela interpretação freudiana lerá o capítulo "The Anna Metterza Problem" no livro de K.R. Eissler, *Leonardo da Vinci*.

Morris Philipson, *Outline of a Jungian Aesthetics*.

Herbert Read, *The Forms of Things Unknown*. Livro no qual o autor utiliza a psicologia junguiana como instrumento de trabalho em seus ensaios sobre filosofia estética.

Maud Bodkin, *Archetypal Patterns in Poetry*.

Capítulo 14

C.G. Jung: obra e tempo

> *Há coisas que ainda não são verdadeiras, que talvez não tenham o direito de ser verdadeiras, mas que o poderão ser amanhã.*
>
> C.G. JUNG

Se o leitor benévolo chegou ao fim deste pequeno livro, talvez pergunte agora, um tanto hesitante, onde situará C.G. Jung dentro do panorama das ideias contemporâneas. Dando tão grande importância aos sonhos, aos mitos, à alquimia, será ele um sobrevivente de épocas já ultrapassadas? Ou será, pelo contrário, um moderno ou mesmo um ser do futuro?

No começo do século XX, parecia às pessoas do Ocidente que todos os mistérios tinham sido desvendados. A visão do mundo segundo a física newtoniana era de uma clareza confortadora. Darwin explicava a origem das espécies. Marx descobria as leis que regem o desenvolvimento das sociedades. Freud trazia o mundo obscuro do inconsciente para o domínio da pesquisa científica, demonstrando que os fenômenos psíquicos inconscientes, mesmo os mais extravagantes e absurdos, estavam sujeitos às leis da causalidade.

Fiel ao clima de opinião de sua época, Freud era um rigoroso determinista. Na *Introdução à psicanálise*, escreve: "Quebrar o determinismo, mesmo num só ponto, transtornaria toda a concepção científica do mundo." De fato, a física moderna subverteu a concepção do mundo construída pela física clássica, concepção que parecia absolutamente inabalável até os fins do século XIX. O indivisível átomo revelara-se divisível. Abriam-se brechas no determinismo: nem sempre os átomos comportavam-se de acordo com as leis causais. Certos fenômenos, no campo da microfísica, passaram a ser estudados à luz de leis estatísticas, ou seja, de leis de probabilidade. Einstein provou que matéria e energia são equivalentes. Verificou-se que a luz apresenta simultaneamente os caracteres de onda e de corpúsculo. O tempo deixou de ser uma grandeza absoluta, pois quando se trata de medir grandes velocidades o tempo cresce com a velocidade. O tempo é relativo. Perplexos, retraímo-nos diante desses conceitos que perturbam nossa segurança. Não queremos ver além das fronteiras do mundo estável de Galileu e de Newton. Compreende-se a atitude de recuo: o abalo das próprias bases que serviam de ponto de apoio às operações do pensamento provocou deslocamentos imprevistos a longa distância. Opostos até então irredutíveis deixavam de ser opostos. Argumentos lançados durante séculos contra determinados alvos não mais os atingiam porque os próprios alvos se tinham dissolvido ou mudado completamente de posição.

Tanto quanto Freud, Jung investigou a causalidade nos campos da psicologia e da psicopatologia. Seus estudos sobre as associações verbais e os livros *Psicologia da dementia praecox* e *O conteúdo da psicose* mostram que, mesmo nos distúrbios psíquicos mais graves, é possível decifrar o sentido de sintomas de aparência desconexa, encontrando-lhes elos causais.

Mas observou também a ocorrência de outros fenômenos, de curiosos paralelismos que não podiam ser encadeados causalmente. Seu método de trabalho, desde as pesquisas sobre associações feitas na juventude (Capítulo 2), sempre foi nunca desprezar qualquer fato que acontecesse, ainda aqueles que contradiziam regras estabelecidas ou que se afiguravam aos demais desprovidos de importância. Pareceu-lhe que seria preciso tomar em consideração certos fenômenos, inegáveis, que, entretanto, escapavam ao determinismo: a) a coincidência de estados psíquicos e de acontecimentos físicos sem relações causais entre si, tais como sonhos, visões, premonições, que correspondem a fatos ocorridos na realidade externa; b) a ocorrência de pensamentos, sonhos e estados psíquicos semelhantes, ao mesmo tempo, em lugares diferentes.

Muitos já tiveram experiências desse gênero ou as ouviram de pessoas dignas de crédito. Mas as deixaram de lado, procurando mesmo esquecê-las, pelo mal-estar que lhes causava sua estranheza ou devido aos preconceitos científicos da época. Nenhum desses obstáculos deteve Jung.

"Minha preocupação com a psicologia dos processos do inconsciente há muito tempo obrigou-me a procurar – ao lado da causalidade – um outro princípio de aplicação, porque o princípio de causalidade pareceu-me inadequado para explicar certos fenômenos surpreendentes da psicologia do inconsciente. Verifiquei que há paralelismos psíquicos que não podem ser relacionados uns com os outros causalmente, mas devem estar em conexão por um outro modo diferente de desdobramento dos acontecimentos."

Jung criou o termo *sincronicidade* para designar "a coincidência no tempo de dois ou mais acontecimentos não relacionados causalmente, mas tendo significação idêntica ou similar, em contraste com o *sincronismo*, que simplesmente indica a ocorrência simultânea de dois acontecimentos". A *sincronicidade*, portanto, caracteriza-se pela ocorrência de *coincidências significativas*. Vejamos um exemplo citado por Jung. Trata-se de uma mulher, jovem e culta, cuja análise não progredia devido a seu excessivo racionalismo. "Um dia eu estava sentado diante dela, de costas para a janela, ouvindo sua habitual torrente de retórica. Ela tivera, na noite anterior, um sonho impressionante, no qual alguém lhe dava um escaravelho de ouro, joia de alto preço. Enquanto me narrava esse sonho, ouvi leves batidas no vidro da janela. Voltei-me e vi um grande inseto batendo de encontro à janela, no evidente esforço para penetrar na sala escura. Isso me pareceu estranho. Abri a janela e apanhei o inseto no ar. Era um besouro-das-rosas (*Cetonia aurata*) cuja cor verde-dourada aproxima-se de perto da cor do escaravelho dourado. Entreguei o inseto a minha paciente, dizendo: 'Aqui está seu escaravelho.' Essa experiência abriu a desejada brecha no seu racionalismo e quebrou o gelo de sua resistência intelectual. O tratamento pôde então continuar, com resultados satisfatórios."

O estudo dos sonhos ou do estado psíquico de pessoas com as quais haviam ocorrido fenômenos de sincronicidade deu a Jung a impressão de que, no fundo do inconsciente dessas pessoas, um arquétipo se tivesse ativado e se manifestasse simultaneamente por meio de acontecimentos interiores e exteriores.

A exploração em profundidade do inconsciente levou ao curioso achado de que os mais universais símbolos do *self* pertencem ao mundo mineral. São ele a pedra, seja a pedra preciosa ou não preciosa, e o cristal, substância de estrutura geométrica exata por excelência. Comenta M. L. von Franz: "O fato de que o símbolo mais elevado e mais frequente do *self* pertença à matéria inorgânica abre novo campo à investigação e à especulação. Refiro-me às relações ainda desconhecidas entre aquilo que chamamos psique inconsciente e aquilo que chamamos matéria."

Se o psicólogo, nas suas investigações através das camadas mais profundas da psique, encontra a matéria, por sua vez ó físico, nas suas pesquisas mais finas sobre a matéria, encontra a psique.

Físicos como Eddington, J. Jeans e outros grandes aceitam que a matéria esteja impregnada de um psiquismo elementar. O físico Alfred Hermann diz que a natureza do *elétron* parece ambígua, meio matéria, meio psique. E o pensador católico Teilhard de Chardin concebe a matéria animada interiormente de espiritualidade, o que é tanto mais significativo quanto o cristianismo até então separava de maneira irredutível a matéria do espírito.

A consequência extrema da posição de psicólogos, de físicos e de biólogos será admitir que "a psique e a matéria sejam um mesmo fenômeno observado respectivamente do *interior* e do *exterior*" (M. L. von Franz).

Também os fenômenos de sincronicidade, denotando que podem ocorrer "arranjos" incluindo fatos psíquicos e fatos da realidade externa, testemunham em favor da hipótese da unidade psicofísica de todos os fenômenos.

Chegamos assim ao conceito de *unus mundus*, isto é, à ideia da identidade básica de matéria e psique: "Tudo o que acontece, seja como for, acontece no mesmo *único mundo* e é parte deste" (Jung).

Os inesperados contatos entre psicologia e física, ciências que pareciam tão distantes, provocaram a aproximação e colaboração entre Jung e Wolfgang Pauli, Prêmio Nobel de Física em 1945 por trabalhos concernentes à fissão nuclear. Juntos publicaram um livro que tem por título *The Interpretation of Nature and the Psyche*.

É problema atualíssimo chegar a uma conclusão sobre a possibilidade ou não possibilidade de conseguir-se o conhecimento de objetos observados sem que o observador esteja envolvido na avaliação final. A ciência esforçou-se obstinadamente para não tomar em apreço o observador, cuja função seria realizar operações racionais sobre os dados colhidos no exterior e exprimir, sob a forma de conceitos, os resultados obtidos, mantendo-se sempre o mais distante possível. Tudo faz crer que esse ideal não foi alcançado, salvo talvez em campos restritos. Desde que o observador é parte integrante do mesmo mundo onde estão os objetos da sua investigação, resulta difícil eliminá-lo. Na esfera da microfísica, o cientista reconhece: "Unicamente a totalidade da relação pessoa-coisa é que tem validez de realidade perceptível para a física moderna" (C. F. von Weizsäcker).

O físico Wolfgang Pauli declara-se convencido de que, ao lado das pesquisas sobre a realidade externa, é necessário investigar a *origem interior* de nossos conceitos científicos. Aplicando esse método, Pauli escreveu um ensaio sobre as relações entre ideias arquetípicas e as teorias científicas de Kepler.

Esse momento crucial da epistemologia reflete-se claramente na obra do filósofo francês Gaston Bachelard. Ele reconheceu as interferências subjetivas, o poder da imaginação no campo da ciência. E todo o seu esforço dirigiu-se no sentido de "exorcizar as imagens que pretendem, numa cultura científica, engendrar e servir de base aos conceitos". Mas, de outro lado, o mundo das imagens fascinava-o. Ninguém mais do que Bachelard amou e saboreou a imagem. Se uma parte de sua obra é dedicada ao "surracionalismo", outra parte, e não a menos importante, ocupa-se enamoradamente da imagem (livros sobre as imagens do fogo, da água, do ar, da terra). Sua obra coloca-se em dois polos opostos que tentam excluir-se mutuamente.

A posição de Jung, que levantaria veementes protestos quarenta anos atrás, já não causa efeitos dramáticos depois que nos vamos habituando aos novos enfoques da física moderna.

As teorias psicológicas são autoconfissões, diz Jung. As ideias verdadeiramente significativas têm sempre origem nas profundezas da psique.

"De onde viriam elas a não ser de nosso fundo subjetivo? Nossa experiência do mundo objetivo pode abstrair-se de nossas pressuposições subjetivas? Toda experiência, mesmo realizada nas melhores circunstâncias, não é, pelo menos em 50%, interpretação subjetiva? De outra parte, o sujeito é também um fato objetivo, um pedaço do mundo, e aquilo que vem dele vem, em última instância, da própria substância do mundo."

Assim, de acordo com essa visão das coisas, as teorias psicológicas de Jung foram conscientemente elaboradas sobre as bases da observação empírica e de dados oriundos do inconsciente. Já vimos, em vários capítulos deste livro, que muitas vezes ideias fundamentais de sua psicologia lhe chegaram por meio de sonhos e de confrontos com o inconsciente. Sempre as manifestações do inconsciente foram recebidas por Jung com a mais atenta seriedade. Naturalmente os racionalistas exclusivistas não aprovam essa atitude. E não querem ouvir mais nada no momento em que Jung conta que consulta o próprio corpo a respeito das ideias que estão sendo trabalhadas pelo seu pensamento: "Quando quero saber se uma verdade é boa e salutar, se é uma verdadeira verdade, incorporo-a, ingiro-a, por assim dizer; se ela me convém, se colabora harmoniosamente no interior de meu organismo com os outros elementos de meu psiquismo, se continuo a funcionar bem, a sentir-me bem e se nada em mim se revolta contra a intrusa, então eu sei que se trata de uma boa verdade, que não é venenosa nem me prejudica."

No Capítulo 1, quando nos referimos ao rompimento entre Freud e Jung, dissemos que mais tarde eles se defrontariam como fenômenos culturais opostos.

Jung, definindo a posição histórico-cultural de Freud, o vê "como um índice do ressentimento experimentado pelo novo século que começava em relação ao século XIX, com suas ilusões, sua hipocrisia, suas ignorâncias parciais, seus sentimentos falsos e exaltados, sua moral de superfície, sua religiosidade artificial e insípida e seu gosto lamentável".

Corajosa e impiedosamente, Freud revelou o que estava por baixo da superfície severa e polida da sociedade burguesa de sua época. Embora criticado com violência no princípio do século, justo porque atingia em cheio os falsos valores aos quais se agarravam nossos avós, de fato suas ideias estavam de acordo com o espírito do tempo, pois Freud procurava apanhar o irracional entre as tenazes do racionalismo dominante, procurava demonstrar que os símbolos nada contêm de inefável e reduzia-os a meros sinais.

Mas as linhas de pensamento predominantes em cada época encontram sempre contracorrentes. O romantismo na Alemanha, depois o surrealismo na França e várias outras formas de expressão da arte moderna (com poucas exceções) opõem-se à supremacia da razão. O indivíduo racionalista desafogava-se com os poetas e pintores. No campo da ciência, porém, era difícil aceitar que alguém afirmasse, por exemplo, que uma teoria psicológica era sempre uma confissão subjetiva; "que a apreensão intelectual de um fato psicológico produz apenas um conceito e um conceito não passa de um nome, uma *flatus voice*"; que para chegarmos à avaliação de uma situação psíquica qualquer, às operações intelectuais e aos dados fornecidos pela percepção será preciso acrescentar o sentimento (julgamento de valor) e a intuição (percepção de possibilidades futuras), pois estas são também funções de orientação da consciência. Jung sabia de sua posição singular no mundo contemporâneo. Sentia-se, ele próprio dizia, como um contrapeso, uma compensação ao mundo consciente de nosso tempo. Por isso, nunca esperou grande audiência. E assim foi durante longos anos.

Mas vivemos um momento de mutações. Devido sobretudo ao fato de seus achados se encontrarem em muitos pontos com os achados da física moderna, a psicologia junguiana vem de repente colocar-se na vanguarda do pensamento contemporâneo, abrindo caminho para novas pesquisas.

Leituras

C.G. Jung e W. Pauli, *The Interpretation of Nature and the Psyche*. O livro contém um trabalho de Jung, "Synchronicity: an acausal connecting principle", e outro de W. Pauli, "The influence of archetypal ideas on the scientific theories of Kepler".

M. L. von Franz, "A ciência e o inconsciente", em C.G. Jung, *O homem e seus símbolos*.

Capítulo 15

*Obras de C.G. Jung**

Traduções em português

A psicologia da ioga kundalini: notas do seminário realizado em 1932 por C.G. Jung. Editora Vozes.
Cartas. Editora Vozes.
 Volume 1. 1906–1945.
 Volume 2. 1946–1955
 Volume 3. 1956–1961.
Espiritualidade e transcendência. Editora Vozes.
Memórias, sonhos, reflexões. Nova Fronteira.
O homem e a descoberta da sua alma. Tavares Martins
O homem e seus símbolos. HarperCollins.
O indivíduo moderno em busca de uma alma. Editora Vozes.
O livro vermelho (Liber Novus). Editora Vozes.
 1. Em busca da alma sob condições pós-modernas.
 2. Em busca da alma sob condições pós-modernas.

---

* Listas não exaustivas.

Os livros negros: 1913–1932, cadernos de transformação. Editora Vozes.
O segredo da flor de ouro: um livro de vida chinês. Com R. Wilhelm. Editora Vozes.
O si-mesmo oculto: (presente e futuro). Editora Vozes.
Obra completa. Editora Vozes.
 1. *Estudos psiquiátricos.*
 2. *Estudos experimentais.*
 3. *Psicogênese das doenças mentais.*
 4. *Freud e a psicanálise.*
 5. *Símbolos da transformação.*
 6. *Tipos psicológicos.*
 7/1. *Psicologia do inconsciente: dois escritos sobre psicologia analítica.*
 7/2. *O eu e o inconsciente: dois escritos sobre psicologia analítica.*
 8/1. *A energia psíquica: a dinâmica do inconsciente.*
 8/2. *A natureza da psique: a dinâmica do inconsciente.*
 8/3. *Sincronicidade: a dinâmica do inconsciente.*
 9/1. *Os arquétipos e o inconsciente coletivo.*
 9/2. *Aion: estudo sobre o simbolismo do si-mesmo.*
 10/1. *Presente e futuro: civilização em mudança.*
 10/2. *Aspectos do drama contemporâneo: civilização em mudança.*
 10/3. *Civilização em transição: civilização em mudança.*
 10/4. *Um mito moderno sobre coisas vistas no céu: civilização em mudança.*

11/1. *Psicologia e religião: psicologia e religião ocidental e oriental.*

11/2. *Interpretação psicológica do dogma da Trindade: psicologia e religião ocidental e oriental.*

11/3. *Símbolo da transformação na missa: psicologia e religião ocidental e oriental.*

11/4. *Resposta a Jó: psicologia e religião ocidental e oriental.*

11/5. *Psicologia e religião oriental: psicologia e religião ocidental e oriental.*

11/6. *Escritos diversos: psicologia e religião ocidental e oriental.*

12. *Psicologia e alquimia.*

13. *Estudo alquímicos.*

14/1. *Mysterium Coniunctionis: os componentes da coniunctio – paradoxa – as personificações dos opostos.*

14/2. *Mysterium Coniunctionis: rex e regina – Adão e Eva – a conjunção.*

14/3. *Mysterium Coniunctionis: epílogo – aurora consurgens.*

15. *O espírito na arte e na ciência.*

16/1. *A prática da psicoterapia.*

16/2. *Ab-reação, análise dos sonhos e transferência: psicoterapia.*

17. *O desenvolvimento da personalidade.*

18/1. *A vida simbólica.*

18/2. *A vida simbólica.*

Índices gerais: onomástico e analítico.

Os fundamentos da psicologia analítica. Editora Vozes.

Quatro arquétipos: mãe – renascimento – espírito – trickster. Editora Vozes.

Seminários sobre análise de sonhos: notas do Seminário dado em 1928–1930 por C.G. Jung. Editora Vozes.

Sobre sentimentos e a sombra: sessões de perguntas de Winterthurer. Editora Vozes.

Sonhos. Editora Vozes.

Traduções em espanhol

Conflitos del alma infantil. Paidós.
Correspondencia. Editorial Trotta.
El hombre y sus símbolos. Paidós.
El libro rojo (Catena Aurea). El Hilo de Ariadna.
El secreto de la flor de oro: um libro de la vida chino. Com Richard Wilhelm. AMA.
El Zaratustra de Nietzsche. Editorial Trotta.
Energética psiquica y esencia del sueno. Paidós.
Escritos sobre espiritualidad y transcendencia. Editorial Trotta.
Introducción a la psicologia analítica. Editorial Trotta.
La interpretación de la natureza y la psique. Com Wolfgang Pauli. Paidós.
La psicologia de la transferencia. Autor editor.
La psicología del yoga kundalini. Editorial Trotta.
Las relaciones entre el yo y el inconsciente. Paidós.

JUNG: VIDA E OBRA

Obra completa. Editorial Trotta.
1. *Estudios psiquiátricos.*
2. *Investigaciones experimentales.*
3. *Psicogénesis de las enfermidades mentales.*
4. *Freud y el psicoanálisis.*
5. *Símbolos de transformación.*
6. *Tipos psicológicos.*
7. *Dos escritos sobre psicología analítica.*
8. *La dinámina de lo inconsciente.*
9/1. *Los arquétipos y lo inconsciente colectivo.*
9/2. *Aion.*
10. *Civilización em transición.*
11. *Acerca de la psicología de de la religión occidental y de la religión oriental.*
12. *Psicología y alquimia.*
13. *Estudios sobre representaciones alquímicas.*
14. *Mysterium coniunctionis.*
15. *Sobre el fenómeno del espíritu em el arte y em la ciencia.*
16. *La práctica de la psicoterapia.*
17. *Sobre el desarrollo de la personalidade.*
18/1. *La vida simbólica.*
18/2. *La vida simbólica.*

Paracélsica. Editorial Kairós.
Psicología de la religión oriental. Editorial Trotta.
Psicología de la transferenciai. Paidós.
Psicología y educación. Paidós.
Realidad del alma. Losada Griegos.
Recuerdos, sueños y pensamentos. Seix Barrai.

Respuesta a Job. Editorial Trotta.
Sobre el amor. Editorial Trotta.
Sueños y transformaciones: jornadas de Winterhur y de Zúrich. Editorial Trotta.
Un mito moderno: de cosas que se vem em el cielo. Reediciones Anomalas.
Volume 1.
Volume 2.

Traduções em inglês

Answer do Job. Routledge, Taylor & Francis Book Ltda.
Aspects of the Feminime. Routledge.
Aspects of the Masculine. Routledge.
Collected Works. Princeton University Press.
1. *Psychiatric Studies.*
2. *Experimental Researches.*
3. *Psychogenesis of Mental Disease*
4. *Freud and Psychoanalysis.*
5. *Symbols of Transformation.*
6. *Psychological Types.*
7. *Two Essays on Analytical Psychology.*
8. *The Structure and Dynamics of the Psyche.*
9i. *The Archetypes and the Collective Unconscieous*
9ii. *Aion.*
10. *Civilisation in Transition.*
11. *Psychology and Religion: West and East.*

12. *Psychology and Alchemy.*
13. *Alchemical Studies.*
14. *Mysterium Conjunctionsi.*
15. *The Spirit in Man, Art and Literature.*
16. *The Practice of Psychoterapy.*
17. *The Development of Personality.*
18. *The Symbolic Life.*
19. *General Bibliography of C.G. Jung's Writings.*
20. *General Index to the Collected Works.*

Dreams. Routledge.

Essays on a Science of Mythology: The Myth of the Divine Child and the Mysteries of Eleusis. Com K. Kerényi. Princeton University Press.

Flying Saucers: A Modern Myth of Things Seen in the Sky. Princeton University Press.

Four Archetypes. Routledge.

Man and His Symbols. Batam.

Memories, Dreams, Reflections. Vintage.

Modern Man in Search of a Soul. Martino Fine Books.

On the Nature of the Psyche. Routledge.

Psychology and the Occult. Routledge.

Synchronicity: Na Acausal Connecting Principle. Routledge.

The Essencial Jung: Selected Writings. Princeton University Press.

The Interpretation of Nature and the Psyche. Com Wolfgang Ernst Pauli. Ishi Press.

The Psychocology of the Transference. Routledge.

The Psychology of Kundalini Yoga: Notes of the Seminar Given in 1932. Princeton University Press.
The Red Book: Liber Novus. W. W. Norton & Company; Lea Edition.
The Undiscovered Self. Princeton University Press.
The Undiscovered Self/Symbols and the Interpretation of Dreams. Princeton University Press.

Traduções em francês

Aïon: études sur la phénoménologie du soi. Albin Michel.
Alchimie: Une Introduction au symbolisme et à la Psychologie. La Fontaine de Pierre.
Aspects du drame contemporain. Georg Editeur.
Commentaire sur les Mystère de la Fleur d'Or. Albin Michel.
Dialectique du moi et de l'inconscient. Gallimard.
Essai d'Exploration de l'Inconscient. Gallimard.
Introduction à l'essence de la mythlogie. Com K. Karényl. Payot.
L'Âme et le soi: renaissance et individuation. Albin Michel.
L'Analyse des rêves: notes du séminaire de 1928–1930. Albin Michel.
  Volume 1.
  Volume 2.
L'Énergétique psychique. Le livre de poche.
L'Homme à lá découverte de son âme. Albin Michel.
L'Homme et ses symboles. Robert Laffont.
La Guérison psychologique. Georg Editeur.

La Réalité de l'âme. Le livre de poche.
1. *La réalité de l'âme.*
2. *Manifestations de l'inconscient.*
La Vie symbolique. Albin Michel.
Le Livre rouge. Arenes.
Le Sept sermons aux morts. Herne.
Les Racines de la conscience. Le livre de poche.
Ma Vie: Souvenirs, rêves et pensées. Gallimard.
Métamorphorses de lâme et ses symboles. Le livre de poche.
Mysterium conjunctionis: Étude sur la séparation et la réuni.
   Albin Michel.
   Volume 1.
   Volume 2.
Présent et avenir. Le livre de poche.
Problèms de l'âme moderne. Buchet Chastel.
Psychologie de l'inconscient. Le livre de poche.
Psychologie du yoga de la Kundalinî. Albin Michel.
Psychologie et alchimie. Buchet Chastel.
Psychologie et éducation. Buchet Chastel.
Psychologie et orientalisme. Albin Michel.
Psychologie et religion. Buchet Chastel.
Réponse à Job. Buchet Chastel.
Sur l'Interprétation des rêves. Le livre de poche.
Sur les Fondements de la psychologie analytique. Albin Michel.
Types psychologiques. Georg.
Um Mythe moderne. Gallimard.

A primeira edição deste livro foi impressa pela Editora José Álvaro, em 1968, 13 anos após a criação, por Nise da Silveira, do Grupo de Estudos C.G. Jung, o primeiro sobre o tema no Brasil. Em 1976, época em que as primeiras ações do Movimento dos Trabalhadores em Saúde Mental (MTSM) surgiram, a edição foi assumida pela Editora Paz & Terra. Em 2023, 22 anos após a conquista legal da reforma psiquiátrica e 24 após o falecimento de Nise da Silveira, esta nova edição retorna a livrarias e bibliotecas, reafirmando o compromisso coletivo da Editora Paz & Terra com a difusão do conhecimento e com os valores humanitários para todas e todos, em especial àquelas e àqueles julgados à margem da "normalidade".

Este livro foi composto em ITC Galliard Pro, corpo 10,5/15,5. A impressão se deu em papel off-white pelo Sistema Cameron da Divisão Gráfica da Distribuidora Record.